Externe Mitarbeiterberatung

AF148203

Robert Zieringer · Peter Wehr

Externe Mitarbeiterberatung

BGM im Unternehmen

 Springer

Robert Zieringer
Zieringer GmbH
Frankfurt, Deutschland

Peter Wehr
via
Köln, Deutschland

ISBN 978-3-658-35522-7   ISBN 978-3-658-35523-4   (eBook)
https://doi.org/10.1007/978-3-658-35523-4

Die Deutsche Nationalbibliothek verzeichnet diese Publikation in der Deutschen Nationalbiblio-grafie; detaillierte bibliografische Daten sind im Internet über http://dnb.d-nb.de abrufbar.

© Der/die Herausgeber bzw. der/die Autor(en), exklusiv lizenziert durch Springer Fachmedien Wiesbaden GmbH, ein Teil von Springer Nature 2022
Das Werk einschließlich aller seiner Teile ist urheberrechtlich geschützt. Jede Verwertung, die nicht ausdrücklich vom Urheberrechtsgesetz zugelassen ist, bedarf der vorherigen Zustimmung des Verlags. Das gilt insbesondere für Vervielfältigungen, Bearbeitungen, Übersetzungen, Mikroverfilmungen und die Einspeicherung und Verarbeitung in elektronischen Systemen.
Die Wiedergabe von allgemein beschreibenden Bezeichnungen, Marken, Unternehmensnamen etc. in diesem Werk bedeutet nicht, dass diese frei durch jedermann benutzt werden dürfen. Die Berechtigung zur Benutzung unterliegt, auch ohne gesonderten Hinweis hierzu, den Regeln des Markenrechts. Die Rechte des jeweiligen Zeicheninhabers sind zu beachten.
Der Verlag, die Autoren und die Herausgeber gehen davon aus, dass die Angaben und Informationen in diesem Werk zum Zeitpunkt der Veröffentlichung vollständig und korrekt sind. Weder der Verlag noch die Autoren oder die Herausgeber übernehmen, ausdrücklich oder implizit, Gewähr für den Inhalt des Werkes, etwaige Fehler oder Äußerungen. Der Verlag bleibt im Hinblick auf geografische Zuordnungen und Gebietsbezeichnungen in veröffentlichten Karten und Institutionsadressen neutral.

Planung/Lektorat: Eva Brechtel-Wahl
Springer ist ein Imprint der eingetragenen Gesellschaft Springer Fachmedien Wiesbaden GmbH und ist ein Teil von Springer Nature.
Die Anschrift der Gesellschaft ist: Abraham-Lincoln-Str. 46, 65189 Wiesbaden, Germany

Geleitwort

An der Goethe Universität Frankfurt beschäftigen wir uns seit über 20 Jahren mit dem Thema *Arbeit und Gesundheit*. Viele Untersuchungen, auch unsere eigenen, zeigen die große Bedeutung psychischer Belastungen bei der Arbeit und insbesondere die Arbeitsausfälle aufgrund von psychischen Erkrankungen. Das erfordert von Betrieben eine Neugestaltung der Arbeit, stellt aber auch Anforderungen an den einzelnen Menschen, der neben der beruflichen Kompetenzerweiterung auch seine Gesundheitskompetenz weiterentwickeln muss, um den Belastungen standzuhalten.

Das Thema Mitarbeiterberatung, in unseren Veranstaltungen auch *Employee Assistance Program, kurz EAP* genannt, ist ein wichtiger Baustein für die Erweiterung von gesundheitlichen Kompetenzen und deswegen auch ein wichtiger Bestandteil in unserer Lehre. Für beratende Berufe bietet dieses Feld die Möglichkeit, an der Schnittstelle von klinischer Psychologie und Wirtschaft tätig zu sein. Unternehmen haben die Möglichkeit mit einem EAP ihren Mitarbeitenden einen schnellen Zugang zu professioneller Hilfe bereit zu stellen und die Arbeitsfähigkeit zu erhalten und auszubauen. Der Umgang mit der eigenen Psyche stellt viele Menschen immer noch vor Herausforderungen, auch wenn das Thema der psychischen Gesundheit schon weit weniger tabuisiert wird, als dies noch vor einigen Jahren der Fall war. Insofern stellt das EAP nicht nur einen schnellen Zugang dar, sondern normalisiert, indem es in Betrieben immer gebräuchlicher wird, auch weiter unseren Umgang mit dem Thema der seelischen Gesundheit. Deshalb freue ich mich über die Veröffentlichung eines Buches zu diesem Thema, in dem die wissenschaftlichen und praktischen Grundlagen der Beratung in Unternehmen zusammengefasst werden. Insbesondere freut es mich, dass Robert Zieringer in meiner Abteilung neben seiner praktischen Arbeit in diesem Feld auch den wissenschaftlichen Diskurs zum Thema EAP und Betriebliches Gesundheitsmanagement vorantreibt. Dass in diesem Buch beides zusammenkommt, macht es zu einer sehr guten Lektüre für Praktiker aber auch für die Wissenschaftler.

Ich hoffe sehr, dass dieses Buch zu einer noch weiteren Verbreitung der Mitarbeiterberatung im deutschsprachigen Raum führen wird und ich bin mir sicher, dass alle, die sich für dieses Themenfeld interessieren, insbesondere aber die Verantwortlichen in den Unternehmen, mit diesem Buch einen sehr guten Überblick zum Thema Mitarbeiterberatung erhalten und wünsche eine gute Lektüre.

Frankfurt am Main   Prof. Dr. Dieter Zapf
Dezember 2020

Vorwort

Nach mehreren Jahren Arbeit in der Mitarbeiterberatung, war es uns ein Anliegen, unsere Erfahrungen kompakt zusammenzufassen und zugänglich zu machen. Die Mitarbeiterberatung ist in Zeiten immer weiter steigender psychischer Erkrankungen, ein wichtiges Instrument, um Menschen schnellen und einfachen Zugang zu Unterstützungsmöglichkeiten zu bieten. Dieses Buch richtet sich an Personen, die sich für die Mitarbeiterberatung beruflich interessieren, sei es weil sie in ihrem Unternehmen damit zu tun haben oder weil sie selber beratend tätig werden wollen. Wenn Sie eine Mitarbeiterberatung in ihrem Unternehmen einführen wollen, dann finden Sie in diesem Buch viele grundlegende Informationen, von den unterschiedlichen Möglichkeiten für eine Mitarbeiterberatung, bis zur Auswahl, Einführung und dem Controlling. Wenn Ihr Unternehmen schon über eine Mitarbeiterberatung verfügt und sie nicht zufrieden sind, können Sie in diesem Buch Anregungen zur Verbesserung der Zusammenarbeit mit Ihrer externen Mitarbeiterberatung finden. Wenn Sie selbst beratend tätig werden wollen in der Mitarbeiterberatung, erfahren Sie in diesem Buch, worauf Unternehmen achten und auf welche Art und Weise Sie Mitarbeiterberatung anbieten und durchführen sollten.

Wir haben uns große Mühe gegeben, so praktisch und anschaulich wie möglich zu beschreiben, wie die externe Mitarbeiterberatung funktioniert und unter welchen Voraussetzungen sie am besten funktioniert. Ob und das gelungen ist, teilen Sie uns doch gerne mit. Wir freuen uns über Ihre Anmerkungen, Kommentare und Fragen an:

Robert Zieringer (korrespondierender Autor)
E-Mail: zieringer@zieringerconsulting.com
Webseite: https://www.zieringerconsulting.com/eap-finden

Peter Wehr
E-Mail: wehr@via-on.de

Danksagung

Robert Zieringer: Für die tatkräftige Unterstützung bei Recherchen und mit Ideen zu diesem Buch möchte ich mich ganz herzlich bei meinen Mitarbeiterinnen und Praktikantinnen Helena Heinen, Joana Brokelmann, Helena Stretz, Nathalie von Rooy und Christina Bostick bedanken.

Danke möchte ich auch Deborah Plum, Leiterin der Personal und Organisationsentwicklung bei SGL Carbon für ihr wervolles Feedback zum Buch.

Ebenso will ich mich bei Herrn Dr. Berthold Schröder, leitender Betriebsarzt der Allianz Versicherung für sein Feedback zu diesem Buch und die guten Gespräche zum BGM bedanken.

Großer Dank geht auch an Anna Gasse, unter anderem zuständig für das Gesundheitsmanagement bei Rolls Royce Deutschland, für ihr Feedback und ihre Hilfsangebote.

Und gemeinsam wollen wir uns natürlich auch bei Professor Dr. Dieter Zapf bedanken, für sein Geleitwort zu diesem Buch.

Inhaltsverzeichnis

Über die Autoren

Robert Zieringer studierte Psychologie an der Goethe Universität Frankfurt und an der University of Toronto mit den Schwerpunkten klinische Psychologie und Arbeitspsychologie. Er arbeitet seit mehreren Jahren als Inhaber und Geschäftsführer eines Anbieters für externe Mitarbeiterberatung und bietet mit einem hochqualifizierten Team aus unterschiedlichen Professionen Mitarbeiterberatung/EAP an. Sie arbeiten mit Kunden aus unterschiedlichen Branchen, u. a. der pharmazeutisch/chemischen, Finanz-, Luft- und Raumfahrtindustrie zusammen.. Als Coach und Berater berät er Führungskräfte in Unternehmen und forscht an der Goethe Universität Frankfurt am Lehrstuhl für Arbeitspsychologie zum Thema BGM und Mitarbeiterberatung.

Kontakt:

E-Mail: zieringer@zieringerconsulting.com

Webseite: https://www.zieringerconsulting.com/eap-finden

Peter Wehr studierte Psychologie mit den Schwerpunkten klinische- und Organisationspsychologie. Er ist approbierter psychologischer Psychotherapeut, zertifizierter Supervisor und Coach und arbeitet seit mehr als 25 Jahren als Berater, Business-Coach und Psychotherapeut in unterschiedlichen institutionellen Kontexten sowie in eigener Praxis. Er ist Geschäftsführer und Mitbegründer eines EAP-Anbieters. Interessenschwerpunkte: Persönlichkeitsentwicklung und Implementierung und Durchführung von externer Mitarbeiterberatung.

Einleitung: Strategisches BGM

Unternehmen in Deutschland geben jedes Jahr zwischen 20 und 70 % ihres Umsatzes aus, um ihr Personal zu bezahlen (eigene Berechnungen). Das ist ein enormer Anteil und bringt eine enorme Verantwortung für diejenigen, die Sorge dafür tragen, dass diese Ausgaben eine gute Investition in den Erfolg ihres Unternehmens sind.

Gleichzeitig gehen Unternehmen in Deutschland jedes Jahr im Durchschnitt 145 Mrd. € an Wertschöpfung durch Fehltage verloren (Bundesanstalt Für Arbeitsschutz Und Arbeitsmedizin (BAuA), 2019). Die durchschnittliche Krankenquote, also der Anteil der aufgrund von Fehlzeiten ausgefallenen Arbeitstage, betrug im Jahr 2019 4,22 % (Techniker Krankenkasse, 2019). Damit setzen Unternehmen jedes Jahr über 4 % ihrer höchsten Kostenposition in den Sand – Tendenz steigend. Wissenschaftliche Studien gehen davon aus, dass mindestens noch einmal doppelt so viel Arbeitskraft dadurch verloren geht, dass Arbeitnehmer[1] sich zwar am Arbeitsplatz befinden, aber aufgrund von gesundheitlichen Einschränkungen nicht ihre volle Leistung erbringen können (siehe Kap. 3). Damit gehen Unternehmen dann schon mindestens 12 % ihrer Personalausgaben verloren, welche durch die Einstellung von mehr Mitarbeitern, Überstunden oder dem Zukauf externer Dienstleister ausgeglichen werden müssen. Psychische Krankheiten sind der „Shooting-Star" des Produktivitätsverlustes. Keine andere Krankheitsgruppe steigt in den letzten Jahren so stark an, wie die Gruppe der psychischen Erkrankungen und produziert so lange Ausfallzeiten am Stück (Techniker Krankenkasse, 2019). Im Durchschnitt fehlen Mitarbeiter mit psychischen Erkrankungen mehr als 42 Tage im Jahr, die Einbußen aufgrund von reduzierter Arbeitsleistung sind noch als in vielfaches höher anzunehmen.

Besonders heikel wird es für Unternehmen, wenn Entscheidungsträger und Personen an strategischen Positionen erkranken und deren Ausfall die Geschäftstätigkeit eines Unternehmens maßgeblich beeinträchtigen kann. In der pharmazeutischen Industrie gibt es

---

[1] Aus Gründen der Lesbarkeit verwenden wir im Plural meistens die männliche Variante, gemeint sind damit aber selbstverständlich immer Frauen und Männer gleichermaßen.

© Der/die Autor(en), exklusiv lizenziert durch Springer Fachmedien Wiesbaden GmbH, ein Teil von Springer Nature 2022
R. Zieringer und P. Wehr, *Externe Mitarbeiterberatung*,
https://doi.org/10.1007/978-3-658-35523-4_1

beispielsweise die sogenannte „Qualified Person", eine Person, ohne deren Freigabe kein Erzeugnis das Unternehmen verlassen und verkauft werden darf. Häufig gibt es nur eine Person, die die Berechtigung hat, die pharmazeutischen Produkte für den Versand/Verkauf freizugeben. Fällt diese Person aus, hat das Unternehmen ein massives Problem. Wenn es innerhalb des Unternehmens keine Vertretung gibt, muss eine externe Person engagiert werden, die gut und gerne das 3-fache einer angestellten Qualified Person kostet. Auch ist die Auswahl der Personen, welche überhaupt über die notwendige Qualifikation und die Risikobereitschaft verfügen, eine solche Stelle auszufüllen, stark begrenzt. Ähnlich verhält es sich mit Geschäftsführern. Aber auch der Ausfall von speziellen Wissensträgern kann einen massiven Schaden verursachen, wenn dadurch Produktionsprozesse gestoppt werden müssen oder die Entwicklung neuer Produkte aufgehalten wird. Gerade in unserer heutigen Wissensgesellschaft und dienstleistungsorientierten Wirtschaft führen solche Ausfälle zu immer schwereren Auswirkungen. Ihr Unternehmen braucht also keinen hohen Krankenstand, um von den gesundheitlichen Beeinträchtigungen der Mitarbeiter schwer beeinträchtigt zu werden. Der Ausfall einer oder weniger Schlüsselpersonen allein reicht, um ein Unternehmen ins Straucheln zu bringen. Und je mehr ein Unternehmen auf die intellektuellen und zwischenmenschlichen Fähigkeiten seiner Mitarbeiter angewiesen ist, also die Fähigkeiten, die sich auch in Zukunft nicht werden automatisieren lassen, desto höher sind die potenziellen Auswirkungen. Gerade diese Berufe erfordern ein hohes Maß an Schulung, sodass Mitarbeiter nicht oder nur schlecht spontan ersetzt werden können.

Genau hier kommt das betriebliche Gesundheitsmanagement – kurz BGM – ins Spiel.

BGM hat die Aufgabe, die Gesundheit der Mitarbeiter zu fördern und zu erhalten, sodass das Risiko, dass Schlüsselpersonen ausfallen, verringert wird – entweder über die Veränderung von Arbeitsverhältnissen oder über gezielte Angebote an die Mitarbeiter, die man als betriebliche Gesundheitsförderung (BGf) bezeichnet. BGM ist in diesem Fall ähnlich einer Versicherung, die die Aufgabe hat, das Risiko zu minimieren. BGM ist aber mehr als das und kann neben der Risikominimierung direkt zum Geschäftserfolg einer Unternehmung beitragen. Sie erinnern sich an die 12 % Personalkosten, die jedes Jahr aufgrund von Krankheit ins Leere laufen? Auch die können durch ein strategisches BGM reduziert werden. Jedes Unternehmen wäre glücklich, wenn es 1 oder 2 % weniger Miete für seine Räumlichkeiten oder Fabrikanlagen zahlen müsste, oder wenn der Zins auf die laufenden Kredite um 2 % gesenkt würde. Bei den Personalkosten sprechen wir aber von einem Kostenpunkt, der für gewöhnlich deutlich höher ist, als das, was Unternehmen in der Regel für Zinsen und Miete zusammen ausgeben (abhängig von der Branche, aber für viele Branchen trifft es zu). Natürlich: Krankheiten gehören zum Leben dazu und werden sich nie ganz verhindern lassen. Zudem obliegt es auch nie allein dem Arbeitgeber für die Gesundheit der Mitarbeiter die Verantwortung zu übernehmen. Aber im Durchschnitt verbringen wir mindestens ein Drittel unserer Lebenszeit (ohne den Fahrtweg) und mindestens die Hälfte unserer Wachzeit bei der Arbeit (Brauner & Wöhrmann, 2018). Dass dieser Teil unseres Lebens also einen entscheidenden Einfluss auf unser Leben und unsere

Gesundheit hat, wird wohl niemand bestreiten. Und dieser Einfluss kann sowohl negativ als auch sehr positiv sein.

Nun werden Sie, wenn Sie auch nur ein kleines bisschen zu BGM recherchieren, überall Versprechungen finden, wie BGM Ihr Unternehmen verbessert, leistungsstärker und erfolgreicher macht. Das ist prinzipiell nicht falsch, aber einfach nur eine Hand voll Maßnahmen von der Rückenschule bis zum Tai-Chi Kurs anzubieten, wird Ihr Unternehmen weder erfolgreicher noch gesünder machen.

Darüber hinaus werden Sie viele Anbieter für alle möglichen Dienstleistungen finden, die behaupten, BGM genau für Ihr Unternehmen maßzuschneidern. Dieser Zuschnitt für Ihr Unternehmen erschöpft sich aber schnell darin, ob die Leute eher viel sitzen oder viel stehen und, dass die einen sich mehr bewegen müssen und die anderen etwas für ihren Rücken tun sollten. Das ist ungefähr so, wie wenn Sie ins Fitnessstudio gehen und sagen, dass Sie eine bestimmte Körperpartie trainieren wollen, zum Beispiel Ihre Schultern, weil Rucksäcke Ihnen immer von den Schultern rutschen (oder Ihren Bauch, weil Sie auch mal mit Ihrer Figur am Strand angeben wollen). Der Trainer hört aufmerksam zu, nickt und erstellt Ihnen dann einen Trainingsplan, der 1 ½ Stunden pro Training geht und Ihren ganzen Körper trainiert. Moment mal, eigentlich wollten Sie doch die Schultern trainieren, nicht den Bizeps, die Beine, den Po, die Waden und Ihren Händedruck (der ist nämlich schon wunderbar fest)! „Wir legen Wert auf einen ganzheitlichen Ansatz", heißt es dann gerne, im Fitnessstudio genauso wie im BGM.

Das ist Blödsinn! Sie brauchen keinen „ganzheitlichen" Ansatz, bei dem Sie von allem etwas anbieten und nichts richtig machen. BGM muss auf Ihr Unternehmen ausgerichtet sein. Wichtig sind die Wertschöpfung und die Werte Ihres Unternehmens und Ihre Mitarbeiter. BGM muss

1. an der Wertschöpfungskette und den Werten Ihres Unternehmens orientiert sein,
2. an den Bedürfnissen Ihrer Mitarbeiter orientiert sein, und
3. anhand von Kennzahlen gesteuert und überprüft werden.

Nur dann ist BGM strategisch, trägt also wirklich etwas zum Erfolg Ihres Unternehmens und zum Erreichen Ihrer Ziele bei. Was das genau bedeutet, behandeln wir für jeden dieser drei Punkte im Einzelnen.

1.1 BGM muss an der Wertschöpfungskette und den Werten des Unternehmens orientiert sein

Stellen Sie sich ein Unternehmen im Bereich der pharmazeutischen Industrie vor, das sich auf Medikamente zur Bekämpfung infektiöser Krankheiten spezialisiert hat. Wenn es sich um ein forschendes (im Gegensatz zu einem nur produzierenden) Unternehmen handelt, kommt der „Forschungs- & Entwicklungs-" (F&E)-Abteilung eine hohe Bedeutung zu. Die Kosten für die Entwicklung neuer Medikamente und Wirkstoffe sind in den letzten Jahren immer weiter gestiegen. 2012/2013 lag die Anzahl neuer zugelassener Wirkstoffe nicht höher als 1993, die Kosten für die Entwicklung dieser Wirkstoffe war aber fast doppelt so hoch (DiMasi et al., 2014). Das heißt, es wird immer teurer neue Wirkstoffe zu entdecken und neue Medikamente zu entwickeln. Für ihre F&E Abteilung brauchen forschende Pharmaunternehmen hoch qualifizierte Mitarbeiter mit zündenden Ideen. Gleichzeitig müssen diese Mitarbeiter auch sehr strukturiert sein, denn in der Arzneimittelforschung ist alles reguliert und es müssen unzählige Verfahrensvorschriften eingehalten werden. Woran denken Sie, wenn Sie sich einen innovativen Menschen vorstellen? Zerzauste Haare und kreatives Chaos? Sie merken schon: Eine Kombination aus den Persönlichkeitstypen eines Andy Warhol und eines Armee Generals zu finden, ist nicht gerade leicht. Es gibt einfach nicht viele Menschen, die diesem Persönlichkeitstyp entsprechen. Wenn Sie jemanden gefunden haben, der diesem Profil entspricht, wollen Sie alles dafür tun, dass die Person nicht nur bei Ihnen, sondern auch gesund bleibt. Aber mehr noch: Sie wollen, dass diese Person ihre Innovationskraft voll entfaltet, sodass Sie anstatt von 2,6 Mrd. USD für die Entwicklung eines neuen Medikamentes (DiMasi et al., 2014), nur noch 2 Mrd. USD ausgeben müssen. Die Voraussetzung für innovatives Denken, in der Psychologie auch divergentes Denken genannt, ist zum einen ein guter Gesundheitszustand, zum anderen eine gute Selbststeuerung. Personen müssen erkennen können und wissen, in welchen Situationen und Gemütszuständen sie besonders gute Einfälle haben, um diese gezielt aufzusuchen. Einigen Personen fällt das schwer, auch wenn sie grundsätzlich über eine ausgezeichnete Fähigkeit des divergenten Denkens, also neue Einfälle und Lösungswege zu generieren, verfügen. Um diese Fähigkeit weiterzuentwickeln, kann also eine Beratung oder ein Coaching sinnvoll sein. Für diesen Zweck haben Unternehmen oft eine externe Mitarbeiterberatung. Mit dieser verhält es sich aber leider allzu häufig wie mit den zuvor beschriebenen BGM-Dienstleistern. Es wird ein bunter Blumenstrauß an Beratungsleistungen angeboten, aber nicht genau die, die Sie brauchen. Die Mitarbeiter aus der F&E Abteilung brauchen einen Anbieter, der sie zielgenau genau im Punkt Selbststeuerung unterstützten kann. Nur dann trägt die externe Mitarbeiterberatung wirklich zur Werterschöpfung des Unternehmens und zum Geschäftserfolg bei. Mitarbeiter aus anderen Bereichen des Unternehmens werden schwerpunktmäßig andere Fähigkeiten benötigen und auch diese muss der Anbieter bedienen können. In jedem Fall setzt das eine gute Analyse der Wertschöpfung des Unternehmens und seiner einzelnen Abteilungen voraus.

Nun ist Wertschöpfung zwar der primäre Zweck einer Unternehmung, aber lange nicht der einzige. Viele Unternehmen bekennen sich seit vielen Jahren dazu, dass sie nicht nur eine Verantwortung haben, möglichst viel Gewinn für ihre Inhaber zu erwirtschaften, sondern ebenso ihren Kunden, ihren Zulieferern, der Umwelt und ihren Mitarbeitern verpflichtet sind. Die Business Roundtable, ein jährlicher Zusammenschluss von über 200 großen Unternehmen in den USA (darunter Konzerne wie Apple, Johnson&Johnson und

Amazon), änderte dementsprechend ihre Satzung im Jahr 2019, in der zuvor noch stand, dass Unternehmen primär der Gewinnoptimierung und somit dem Wohl ihrer Aktionäre verpflichtet seien und sich allein dadurch ein positiver Beitrag zur Gesellschaft ergebe (Gelles & Yaffe-Bellany, 2019). Dass Raubtier-Kapitalismus nicht die Lösung ist, haben viele Unternehmen schon lange vor der Business Roundtable erkannt und haben ihre Werte teils offiziell auf ihren Webseiten veröffentlicht. Häufig finden sich dort Sätze wie „Wir arbeiten MITeinander" oder Schlagworte wie „Nachhaltigkeit". Wenn diese Werte ernst gemeint sind, dann stellen sie gleichzeitig auch eine Zielrichtung dar. Ein Unternehmen will also nachhaltiger werden oder die Qualität der Zusammenarbeit im Unternehmen verbessern. Auch hier stellt sich die Frage, wie BGM zur Erreichung dieser Ziele beitragen kann. Bietet der Anbieter für Mitarbeiterberatung auch Mediation an und verfügt über geschulte Mediatoren? Hat er Angebote zum Thema Teambuilding im Portfolio?

Vielleicht denken Sie jetzt sofort an Veranstaltungen, wo Leute sich rückwärtsfallen lassen und das Team sie auffangen soll und wissen schon: „Das machen unsere Mitarbeiter niemals, die werden mich für durchgeknallt halten, wenn ich mit dieser Idee komme." Müssen Ihre Mitarbeiter auch nicht. Denn gutes BGM ist nicht nur auf die Wertschöpfung und Werte eines Unternehmens abgestimmt, sondern auch auf die Bedürfnisse und Eigenheiten der Mitarbeiter.

1.2 BGM muss an den Bedürfnissen der Mitarbeiter orientiert sein

Obstkorb für Schnitzelesser? Sie werden am Ende des Tages viel Obst übrig haben. Trotz dieser immer wiederkehrenden Erfahrung stellen Unternehmen ihren Mitarbeitern aber jedes Jahr trotzdem wieder gerne den Obstkorbs einmal im Jahr zum Gesundheitstag hin und wundern sich, dass die Fehltage nicht sinken – zugegebenermaßen etwas überspitzt formuliert. BGM scheitert immer wieder daran, dass es nicht an den Bedürfnissen der Mitarbeiter orientiert ist. Die durchschnittliche Inanspruchnahme einer Mitarbeiterberatung in den europäischen Ländern liegt bei erschreckend niedrigen 2,2 % (Shjerven & Donalson, 2016)! Nur 2,2 % derjenigen, die eine Mitarbeiterberatung in Anspruch nehmen könnten, tun das auch wirklich. Am Ende macht keiner mit und was keiner nutzt, nützt auch nichts – weder dem Unternehmen noch den Mitarbeitern. Gutes BGM holt die Mitarbeiter dort ab, wo sie stehen und wo sie selbst einen Bedarf sehen. Wie wäre es also einfach mit einer besseren Fleischqualität am Schnitzeltag, wenn Sie die Mitarbeiter, die nun Mal Schnitzel lieben, dazu bekommen wollen sich gesünder zu ernähren? Auch in Bezug auf die Mitarbeiterberatung muss dieses Prinzip angewendet werden. Sie sind ein kleineres, mittelständisches Unternehmen, in dem sich jeder kennt? Wenn Sie jetzt herumgehen und eine anonyme Hotline Nummer austeilen, an welche man sich bei Problemen wenden kann, wird das keiner tun. Eine Krisenhotline eines Fremden passt weder zu ihrer Unternehmenskultur noch zu ihren Mitarbeitern. In diesem Fall könnte eine regelmäßige

Sprechstunde im Unternehmen durch einen Berater, welcher die „Sprache" der Mitarbeiter spricht, das Richtige sein. Dabei ist Sprache nicht im Sinne mehrerer Fremdsprachen gemeint, sondern eine Passung auf kultureller Ebene, also ob die Person jemand ist, den die Mitarbeiter, nach einer gewissen Eingewöhnungszeit, als einen von ihnen betrachten werden (siehe dazu Kap. 4). Für eine volle Entfaltung seiner Wirkung muss BGM also neben der Wertschöpfung und den Werten, an den Bedürfnissen ihrer Mitarbeiter orientiert sein, denn die sind die Empfänger aller Maßnahmen. Wie gut Ihre Maßnahmen die Bedürfnisse der Mitarbeiter trifft, werden Sie an der Nutzung ablesen können. Aber diese Zahl ist nicht die einzige, mit der Sie Ihr BGM steuern und prüfen sollten.

1.3   BGM muss anhand von Kennzahlen gesteuert und überprüft werden

Welchen Bereich in Ihrem Unternehmen kennen Sie, in dem nichts gemessen und quantitativ erfasst wird? Wahrscheinlich keinen. Die Analysen in den meisten Unternehmensbereichen sind heutzutage äußerst detailliert und versuchen jeden Aspekt, der von strategischer Bedeutung für das Unternehmen ist, in Zahlen zu erfassen. Ob es die durchschnittliche Lieferzeit von Zulieferern, der Anteil durchschnittlich genutzter Lagerfläche oder die Kundenzufriedenheit mit dem Telefonsupport ist – alles wird erfasst. Im BGM beschränkt man sich viel zu oft darauf, wie viele Mitarbeiter an einer Maßnahme teilgenommen haben und lässt es dabei bewenden. Damit haben Sie aber nur einen Aspekt erfasst, nämlich ob das Angebot die Bedürfnisse (einiger) Ihrer Mitarbeiter erfüllt. Sie wissen aber weder wie gut die Mitarbeiterberatung in Ihr Unternehmen integriert ist, noch welche betriebswirtschaftlichen Auswirkungen die Maßnahme auf Ihr Unternehmen hat. Und die wird sie haben, wenn sie an der Wertschöpfung Ihres Unternehmens orientiert ist. Allerdings kann es eine Zeit dauern, bis sich eine Veränderung zeigt. Die betriebswirtschaftlichen Auswirkungen sind die Spitze des Eisbergs, die auf einer großen Masse an Veränderungen liegen, die weniger gut sichtbar sind. Um sie dennoch sehen zu können, gilt es Möglichkeiten zu finden, sie zu messen. Nur dann können Sie gezielt intervenieren, wenn sich die Spitze des Eisberges auch nach langer Zeit nicht zeigen will und nur so können sie BGM Maßnahmen steuern (siehe Kap. 6).

In diesem Buch behandeln wir die externe Mitarbeiterberatung als eine Maßnahme des BGM, die nach genau den eben geschilderten Prinzipien eingeführt werden muss, um einen Nutzen für Ihr Unternehmen zu entfalten. Im Laufe dieses Buches werden wir deshalb immer wieder auf die Passung zwischen Mitarbeiterberatung und Unternehmen eingehen. Die Passung beginnt mit der Auswahl eines Anbieters (Kap. 4) und erstreckt sich über das Ausloten der Details der Zusammenarbeit (Kap. 5) und die kontinuierliche Qualitätskontrolle (Kap. 6) bis zur festen Integration in Ihr Unternehmen (Kap. 7 und 8). Für diejenigen, die noch einen kurzen Abriss darüber wünschen, was die externe Mitarbeiterberatung ist und wo sie herkommt, haben wir Kap. 1 geschrieben. Wer sich im

Detail mit der tatsächlichen Beratung der Mitarbeiter und der Entwicklung im digitalen Zeitalter beschäftigen möchte, wird in den Kap. 9 und 11 fündig. Wenn Sie schon für die Idee einer externen Mitarbeiterberatung brennen, aber noch die entscheidenden Leute in Ihrem Unternehmen mit Ihrer Begeisterung anstecken müssen, finden Sie in den Kap. 3 und 10 genügend Zunder. Natürlich können Sie das Buch auch einfach am Stück lesen, angefangen mit was eine Mitarbeiterberatung ist, warum Sie sie einführen sollten, wie Sie die Mitarbeiterberatung auswählen und immer besser in Ihr Unternehmen integrieren und weiterentwickeln. Ganz gleich, ob als Kompendium oder durchgehende Lektüre, wir hoffen das jeder gemäß seines Wissens- und Interessenstandes das für sie oder ihn Passende finden kann. Denn uns ist auch mit diesem Buch daran gelegen, passend und individuell auf Ihre Bedürfnisse einzugehen – soweit das mit einem Buch möglich ist.

Wir wünschen Ihnen viel Freude und viele einsichtsvolle Momente beim Lesen dieses Buches. Bleiben Sie gesund!

Robert Zieringer & Peter Wehr.

Literatur

Brauner, C., & Wöhrmann, A. M. (2018). 100 Jahre Achtstundentag—Historische Meilensteine und aktuelle Zahlen. *Bundesanstalt für Arbeitsschutz und Arbeitsmedizin (BAuA)*. https://doi.org/10.21934/BAUA:FAKTEN20180117

BAuA. (2019). *Sicherheit und Gesundheit bei der Arbeit – Berichtsjahr 2018: Unfallverhütungsbericht Arbeit*. Bundesanstalt Für Arbeitsschutz Und Arbeitsmedizin (BAuA). https://www.baua.de/DE/Angebote/Publikationen/Berichte/Suga-2018.html

DiMasi, J. A., Grabowski, H. G., & Hansen, R. W. (2014). *Cost of developing a new Drug* [Präsentation]. https://www.pacificresearch.org/wp-content/uploads/2017/06/Tufts_CSDD_briefing_on_RD_cost_study_-_Nov_18_2014..pdf

Gelles, D., & Yaffe-Bellany, D. (2019). Shareholder value is no longer everything, top C.E.O.s say. *New York Times*. https://www.nytimes.com/2019/08/19/business/business-roundtable-ceos-corporations.html

Shjerven, T., & Donalson, T. (2016). *Trends Report 2016—An analysis of what is occurring in the fields of Employee Assistance, Organizational Health and Workplace Productivity industries*. Chestnut Global Partners. http://chestnutglobalpartners.org/Portals/cgp/Publications/Chestnut-Global-Partners-EAP-Trends-Report-2016.pdf

Techniker Krankenkasse. (2019). *Gesundheitsreport 2020 – Arbeitsunfähigkeiten*. https://www.tk.de/resource/blob/2081662/6382c77f2ecb10cc0ae040de07c6807f/gesundheitsreport-au-2020-data.pdf

Mitarbeiterberatung/ EAP

2

2.1 Was ist eine Externe Mitarbeiterberatung?

Externe Mitarbeiterberatungen, seit einigen Jahren auch EAP, also Employee Assistance Programme genannt, sind ein Element der betrieblichen Gesundheitsförderung. Heute versteht man darunter eine vom Arbeitgeber bereitgestellte und finanzierte Beratung, die Mitarbeitende und oftmals auch ihre Familienangehörigen in Anspruch nehmen können, um berufliche sowie persönliche Problemstellungen, z. B. psychosozialer, finanzieller oder auch rechtlicher Art zu bearbeiten. Die Beratung funktioniert nach dem Prinzip „Hilfe zur Selbsthilfe". Geschulte Berater und Beraterinnen beraten anonym, vertraulich und neutral die Mitarbeiter, wobei keine spezifische Rückmeldung an das Unternehmen oder die Vorgesetzten gegeben wird und das Unternehmen nicht erfährt, wer die Beratung genutzt hat. In der Regel unterliegen die Berater aufgrund ihres Berufsstandes der Schweigepflicht nach §203 des Strafgesetzbuches, umgangssprachlich oft auch als ärztliche Schweigepflicht bezeichnet.

Der englische Name des EAP wird in Deutschland erst seit einigen Jahren verwendet. Das Angebot ist jedoch in anderer Form bzw. unter anderen Namen bereits seit längerer Zeit im deutschsprachigen Raum bekannt: Lebenslagencoaching, arbeitspsychologische Sprechstunde oder auch betriebliche Sozialberatung – alle beschreiben eine Form des Mitarbeiterberatung. Die betriebliche Sozialberatung wird beispielsweise bereits seit Mitte des 20. Jahrhunderts in Betrieben angeboten. Allerdings handelte es sich hierbei meist um eine im Unternehmen eingegliederte Position, welche eine Beratung für Mitarbeitende anbot, wohingegen ein EAP außerhalb eines Unternehmens als externer Dienstleister angesiedelt ist. Allerdings gibt es heutzutage auch externe Anbieter für die betriebliche Sozialberatung. Der Unterschied zwischen den verschiedenen Formen der Mitarbeiterberatung ist fließend und allein der Name eines Angebotes sagt wenig bis gar nichts über den Inhalt des Angebotes aus. Hinzu kommt, dass externe Anbieter trotzdem

© Der/die Autor(en), exklusiv lizenziert durch Springer Fachmedien Wiesbaden GmbH, ein Teil von Springer Nature 2022
R. Zieringer und P. Wehr, *Externe Mitarbeiterberatung*,
https://doi.org/10.1007/978-3-658-35523-4_2

im Unternehmen angesiedelt sein können und so auf den ersten Blick wie eine interne betriebliche Sozialberatung wirken können. Dieser Eindruck kann durchaus gewünscht sein, um eine Verbundenheit zum Unternehmen und eine vertrauensvolle Nähe zu den Mitarbeitenden aufzubauen. Um all diese Varianten miteinzuschließen, haben wir für das vorliegende Buch den relativ allgemein klingenden Titel „Externe Mitarbeiterberatung" gewählt.

Im Zentrum der Mitarbeiterberatung steht die psychosoziale Beratung, in der Mitarbeiter Unterstützung bei arbeitsbezogenen Problemen wie Überlastung, Schwierigkeiten mit der Führungskraft oder Mobbing, aber auch bei privaten Anliegen wie Eheproblemen, Trauer oder einer persönlichen Sinnkrise erhalten können. Darüber hinaus können spezielle Themen wie Familienkonflikte, Kinderbetreuung und Pflege von Angehörigen Teil der Beratung sein. (siehe Kap. 4).

Auch wenn einzelne Teilangebote der Mitarbeiterberatung in anderer Form im Unternehmen angeboten werden, entschließen sich immer mehr Unternehmen für die Zusammenarbeit mit einem externen Anbieter. Einerseits erhoffen sie sich natürlich die präventive Gesunderhaltung der Belegschaft, also die Verhinderung von Burnout oder anderen Krankheiten (Näheres zum Nutzen in Kap. 10). Andererseits hofft man auf eine positive Außenwirkung als attraktiver Arbeitgeber, der sich um die Gesundheit und das Wohlbefinden seiner Mitarbeiter sorgt.

Die psychosoziale Beratung wird von psychologischen Psychotherapeuten, Ärzten, Coaches oder Beratern mit verschiedenem Ausbildungshintergrund geleistet. Auch Familientherapeuten, Pädagogen, Sozialpädagogen oder Sozialarbeiter arbeiten in der Mitarbeiterberatung (siehe Kap. 4).

2.2   Wie funktioniert die externe Mitarbeiterberatung?

Interessiert sich ein Unternehmen für die Einführung einer Mitarbeiterberatung, wird ein mehrstufiger Prozess in Gang gesetzt. Zunächst muss Klarheit darüber bestehen, mit welchem Ziel die Mitarbeiterberatung eingeführt wird, was das Unternehmen genau wünscht und was die Mitarbeiter brauchen. Das zeigt sich unter anderem in den Beratungsinhalten (zum Beispiel Stress, Konflikte, Selbstmanagement, Kinderbetreuung) und den Beratungsformen (z. B. Vor-Ort, telefonisch, online etc.), die zu Anfang der Zusammenarbeit festgelegt werden, geht aber noch weit darüber hinaus (siehe Kap. 4). Im Idealfall ist eine externe Mitarbeiterberatung so anonym und vertraulich wie eine vom Arbeitgeber unabhängige Beratungsstelle und gleichzeitig so eng mit dem Unternehmen verwoben wie eine eigene Abteilung des Unternehmens. Nur dann trägt sie zum Erfolg des Unternehmens bei und dient dem Wohl der Mitarbeiter. Wie die Verknüpfung mit den anderen Stellen im Unternehmen funktioniert, haben wir in Kap. 8 beschrieben. Nachdem die Ziele und Art der Zusammenarbeit vertraglich festgelegt wurden, geht es an die Bewerbung der Mitarbeiterberatung (siehe Kap. 5). Das neue Angebot wird Mitarbeitenden,

Führungskräften, Multiplikatoren und weiteren Anspruchsberechtigten, wie beispielsweise Familienangehörigen vorgestellt.

Ist nun das EAP im Unternehmen eingeführt, können sich Mitarbeiter an die Mitarbeiterberatung wenden. Sind nach dem Erstgespräch Berater und Klient der Meinung, dass die Beratung erfolgen soll, werden weitere Beratungsgespräche vereinbart. Die Anzahl möglicher Beratungseinheiten variiert und wird im Vertrag festgehalten. Einige Unternehmen bieten ihren Mitarbeitenden eine unbegrenzte Zahl an Gesprächen an, oftmals ist die Anzahl aber auf 6–10 Gespräche pro Mitarbeiter beschränkt. Wie viele Gespräche nötig sind, hängt selbstverständlich vom individuellen Problem ab: Teilweise reicht ein einziges Gespräch aus, um Mitarbeitern oder Führungskräften zu helfen. Es kommt jedoch auch vor, dass sich das Problem nicht vollständig im Rahmen der Kurzzeitberatung lösen lässt. Sei es, dass das Problem an sich zu umfassend ist oder dass bei der Problembearbeitung tiefergreifende Probleme aufgedeckt werden. In diesem Fall kann der Berater oder die Beraterin den Mitarbeiter an eine weitergehende Beratung oder Behandlung vermitteln, z. B. zu einem Psychotherapeuten oder einem Facharzt.

Die in den Beratungsstunden besprochenen Inhalte fallen unter die gesetzliche Schweigepflicht und dürfen außerhalb der Mitarbeiterberatung niemand anderem zugänglich gemacht werden, auch nicht dem Unternehmen selbst. Allerdings erhält das Unternehmen regelmäßige Auskünfte über die Nutzung des Angebotes, sprich die Häufigkeit der Inanspruchnahme, die behandelten Themen und weitere Kennzahlen, die den Erfolg des Angebotes messen (siehe Kap. 6). Hieraus können gegebenenfalls wichtige Schlüsse für im Unternehmen notwendige Veränderungen, aber mit Sicherheit für die Zusammenarbeit von Unternehmen und externer Mitarbeiterberatung abgeleitet werden. Basierend auf diesen Kennzahlen wird die Passung zwischen Unternehmen und Mitarbeiterberatung über die in der Regel mehrjährige Zusammenarbeit immer weiter voran getrieben, sodass die Mitarbeiterberatung zwar vertraulich und extern bleibt und trotzdem ein integraler Bestandteil des Unternehmens wird.

2.3   Woher kommt die externe Mitarbeiterberatung?

Der heutzutage auch in Deutschland verwendete Begriff „Employee Assistance Program" verät bereits die Herkunft aus dem angelsächsischen Raum. Die von der Employee Assistance Research Foundation in Auftrag gegebene und 2020 veröffentlichte Studie (Masi, 2020) hat die Entstehung der externen Mitarbeiterberatung durch Literaturrecherchen sowie Interviews mit Beteiligten umfangreich aufgearbeitet.

Dabei wurden drei Strömungen ausgemacht, die, für sich stehend und interagierend, an der Entwicklung heutiger EAPs beteiligt waren: Ein erster Vorläufer war die betriebliche Sozialarbeit. Bereits im Zuge der Industrialisierung wurden Sozialarbeiterinnen (zumeist weiblich) angestellt, vorrangig mit dem Ziel die Produktion zu sichern und die Leistung der Mitarbeitenden auch im Angesicht steigender Arbeitsdauer und -last aufrechtzuerhalten. Sie wurden daher oftmals auch von Arbeitervereinigungen kritisch betrachtet, und teilweise gründeten diese ihre eigenen Wohlfahrts-Programme als Gegengewicht zu den als ausbeuterisch wahrgenommenen Unternehmen. Im Zuge des ersten Weltkriegs erfuhr die betriebliche Sozialarbeit dann einen Aufschwung: Einerseits gab es in der Industrie deutlich erhöhte Produktionsanforderungen, andererseits waren viele Männer, welche bisher in den Fabriken arbeiteten, im Krieg. Um die nun dort arbeitenden Frauen und weniger kriegsgeeigneten Männer (aufgrund von beispielsweise Behinderungen oder Krankheiten) zu unterstützen, wurden vermehrt Sozialarbeiter eingestellt. Diese waren jedoch zumeist gar nicht oder nur schlecht ausgebildet und hatten Verantwortung für eine große Zahl an Arbeitern. Auch im zweiten Weltkrieg erlebte die betriebliche Sozialarbeit einen Zuwachs.

Eine weitere wichtige Rolle spielte die Entwicklung der Anonymen Alkoholiker (AA) in den USA. Diese entstanden Mitte der 1930er Jahre, und führten dazu, dass in den 1940er Jahren in immer mehr Firmen sogenannte betriebliche Alkoholismus-Programme entstanden. Nachdem Alkoholismus als Krankheit anerkannt war und nicht mehr als reiner Mangel an Selbstdisziplin betrachtet wurde, wurde es auch Arbeitgebern wichtig, ihren erkrankten Mitarbeitern zu helfen und diese nicht zu verlieren.

In den 1970er Jahren entwickelten sich schließlich die spezifisch gegen Alkoholismus gerichteten Programme hin zu einem „broad brush" Konzept. Sie waren also nicht mehr nur für Alkoholprobleme, sondern für Anliegen aller möglichen Bereiche da. Bisher hatte man zur Bekämpfung von Alkoholismus Gespräche mit den Arbeitern geführt, die eine geringere Leistung zeigten, weil man Alkoholismus als Ursache vermutete. So gerieten jedoch auch Mitarbeitende ins Fadenkreuz, deren Leistung aufgrund anderer Probleme herabgesetzt war und die so schnell zu Unrecht von Kollegen als Alkoholiker abgestempelt wurden. Studien zeigten außerdem, dass die betriebliche Beratung sehr gut auch bei anderen Problem funktionierte, die nichts mit Alkohol zu tun hatten. Dass die Implementierung eines solchen weniger stigmatisierten Programmes sowohl für Arbeitgeber als auch Mitarbeiter von Interesse war, förderte den Wandel. Der heute geläufige Name des „Employee Assistance Program" wurde in den 1970er Jahren durch ein gleichnamiges Buch von Wrich (Wrich, 1974) geprägt.

Mitte der 1980er Jahre wurde außerdem die sogenannte EAP Core Technology (Roman & Blum, 1985) veröffentlicht. Die sehr technisch klingende Veröffentlichung hat mit Technologie wenig zu tun, definiert aber kennzeichnende Eigenschaften und Funktionen, die eine Mitarbeiterberatung von anderen Aspekten der Personalarbeit abgrenzt. Ursprünglich wurden sechs Kriterien festgesetzt, deren Fokus relativ stark auf der Bekämpfung von Alkoholismus lag. Diese Core Technology wurde weiterentwickelt und umfasst in der heutigen von der Employee Assistance Professionals Association (EAPA) veröffentlichten Version 8 Kernelemente, welche eine Mitarbeiterberatung ausmachen und sie von sonstiger Personalarbeit abgrenzen sollen:

1. Training und Beratung der Führungskräfte hinsichtlich des Umgangs mit belasteten Mitarbeitern.
2. Vertrauliche und schnelle Hilfestellung bei persönlichen Problemen, welche die Arbeitsleistung beeinträchtigen.
3. Kurzeitberatung zur Bewältigung von persönlichen Problemen
4. Die Weitervermittlung von Mitarbeitenden in professionelle Behandlung und die Begleitung des Genesungsprozesses.
5. Unterstützung der Organisation bei der Etablierung eines Netzwerkes mit anderen Gesundheitsdienstleistern.
6. Beratung zur Krankenversicherung und Krankenversicherungsleistungen, die ein Arbeitgeber den Mitarbeitenden zur Verfügung stellen kann oder sollte.
7. Die Bewerbung der Mitarbeiterberatung in der Kundenorganisation.
8. Die Messung der Auswirkungen der externen Mitarbeiterberatung auf die Organisation als Ganzes und auf die individuelle Arbeitsleistung.

Dass es sich hierbei um eine amerikanische Perspektive handelt, wird spätestens bei der Beratung zu den Krankenversicherungsleistungen klar, die in den USA ja im Wesentlichen vom Arbeitgeber eingekauft und den Mitarbeitenden angeboten werden.

2.4 Entwicklung der Mitarbeiterberatung im deutschsprachigen Raum

Ähnlich zur Entwicklung in den USA liegen die Wurzeln der Mitarbeiterberatung in Deutschland in der betrieblichen Sozialarbeit (Maynard, 2019). Diese kam hierzulande Anfang des 20. Jahrhunderts auf und wurde zumeist durch Krankenschwestern und von kirchlichen Trägern umgesetzt. Während des ersten Weltkriegs erlangte das Angebot besondere Wichtigkeit: Viele Frauen mussten zusätzlich zu ihrer Rolle als Mutter in Fabriken arbeiten und wurden von den sogenannten Werksfürsorgerinnen unterstützt. Auch nach dem Krieg wurde das Angebot aufrechterhalten und während des Nationalsozialismus stark gefördert, jedoch auch für politische Interessen missbraucht. Daher wurde nach dem zweiten Weltkrieg der Begriff der betrieblichen Sozialarbeit eingeführt, um den schlechten Ruf der Werksfürsorge abzulegen.

Es existierte also bereits Mitte des 20. Jahrhunderts ein gut etabliertes System betrieblicher Sozialarbeit in Deutschland. Dies erschwerte es der modernen externen Mitarbeiterberatung, sprich Employee Assistance Programmen (EAP), Fuß zu fassen. Erst 1989 gab es die erste Form eines EAP, welche persönliche Beratung für Familien und deren Angehörige leistete. Stark gefördert wurde die Verbreitung der externen Mitarbeiterberatung in Deutschland durch die Änderung des Arbeitsschutzgesetzes 2013, das Unternehmen die regelmäßige Durchführung einer Gefährdungsbeurteilung psychischer

Belastung sowie die Implementierung von Maßnahmen in Reaktion auf das Ergebnis dieser Beurteilung vorschreibt. Eine Zusammenfassung, was aktuell am Markt verfügbare EAP Angebote voneinander unterscheidet, gibt das Whitepaper von Zieringer 2020.

Literatur

Masi, D. A. (2020). The history of employee assistance programs in the United States. The employee assistance research foundation. https://www.eapassn.org/Portals/11/Docs/EAP%20History/The_History_of_EAPs_in_the_US.pdf

Maynard, J. (2019). Tradition of workplace services leads to EAP diversity in Germany. *Journal of Employee Assistance*, 26–27.

Roman, P. M., & Blum, T. C. (1985). The core technology of employee assistance programs. *The Almacan, 15*(3), 8–9.

Wrich, J. T. (1974). *The Employee Assistance Program: A manual for management, organized labor and occupational program consultants dealing with chemical dependency and other job performance problems.* Hazelden.

Zieringer, R. (2020). Der deutsche EAP Markt. https://www.zieringerconsulting.com/eap-whitepaper

Warum sollte ein Arbeitgeber Angebote zur Gesundheitsförderung machen? Diese Frage stellen sich viel zu wenige Unternehmen, bevor sie mit betrieblicher Gesundheitsförderung (BGf) anfangen. Sie ist aber entscheidend, denn nur wenn Sie die Antwort kennen, können Sie gezielt Angebote auswählen und bereitstellen (Abb. 3.1).

Zunächst einmal müssen Sie wohl davon ausgehen, dass die Gesundheit gefördert werden sollte, weil es Einflussfaktoren gibt, die die Gesundheit Ihrer Belegschaft negativ beeinträchtigen (siehe Abschn. 3.1 und 3.2). Wenn Sie überzeugt sind, dass alle Ihre Mitarbeiter kerngesund und fröhlich-heiter durch das Unternehmen springen, brauchen Sie auch keine BGf. Weiter gehen Sie wahrscheinlich davon aus, dass sich die Gesundheit Ihrer Mitarbeiter auf Ihr Unternehmen auswirkt (siehe Abschn. 3.3) und, dass es sinnvoller und kostengünstiger ist, das Kind daran zu hindern in den Brunnen zu fallen, als es wieder herauszuziehen – metaphorisch gesprochen. Prävention zahlt sich aus.

Dann stellt sich aber noch die Frage, warum Sie ausgerechnet am Arbeitsplatz etwas anbieten sollten. Schließlich ist der deutschsprachige Raum mit guten Gesundheitssystemen gesegnet, in deren Rahmen es auch zahlreiche Präventionsangebote gibt (siehe zum Beispiel Bauer et al., 2019). Diese Präventionsangebote werden längst nicht alle genutzt – warum dann darüber hinaus auch noch bei der Arbeit etwas anbieten? In den vielen Jahren unserer beruflichen Tätigkeit, sind uns noch nie Angebote in Unternehmen begegnet, die es nicht auch außerhalb des Unternehmens gäbe. Warum haben sich Unternehmen also trotzdem entschlossen noch zusätzlich etwas anzubieten?

1. **Niedrige Hemmschwelle – Einfacher und schneller Zugang:** BGf lohnt sich dann, wenn die Maßnahmen einen einfacheren und schnelleren Zugang zu notwendigen und/oder gewünschten Gesundheitsmaßnahmen bieten. Wenn es in der Regel mehrere Monate dauert, bis Personen in psychotherapeutische Behandlung kommen können, macht es Sinn ein Alternativ- oder Überbrückungsangebot bereitzustellen (siehe

© Der/die Autor(en), exklusiv lizenziert durch Springer Fachmedien
Wiesbaden GmbH, ein Teil von Springer Nature 2022
R. Zieringer und P. Wehr, *Externe Mitarbeiterberatung*,
https://doi.org/10.1007/978-3-658-35523-4_3

Abb. 3.1 Gründe für die
Betriebliche
Gesundheitsförderung (BGf)

1) Niedrige Hemmschwelle:
   einfacher und schneller
   Zugang

2) Exklusivität und Selektion:
   ausgewählte und qualitativ
   hochwertige Angebote

3) Gemeinschaftsgefühl
   stärken: Angebote und
   Erfahrungen verbinden

Abschn. 3.5 dieses Kapitels). Wenn Mitarbeiter sich den Weg sparen können, um eine Beratung in Anspruch zu nehmen oder an einem Sportkurs teilzunehmen, erhöht das die Wahrscheinlichkeit, dass sie auf das Angebot zurückkommen. Wenn sie das auch noch während der Arbeitszeit tun dürfen, steigt die Bereitschaft zur Inanspruchnahme weiter.

2. **Exklusivität und Selektion:** Zwar gibt es alles, was es in der BGf gibt, auch außerhalb des Unternehmens, aber nicht alles davon würden sich die Mitarbeiter normalerweise leisten. Besonders qualitative, vom Unternehmen handverlesene Maßnahmen anzubieten, sorgt also zum einen dafür, dass Mitarbeiter weniger zu dubiosen Gesundheitsangeboten greifen (und von denen gibt es viele) und zum anderen, dass sie die guten Angebote trotz der höheren Kosten nutzen.

3. **Das Gemeinschaftsgefühl stärken:** Angebote, die man zusammen besucht, stärken das Gemeinschaftsgefühl. Allerdings muss man die Angebote noch nicht einmal zusammen besuchen. Allein das Wissen, dass es das Angebot gibt und andere es genutzt haben, führt bereits dazu, dass Menschen eher bereit sind das Angebot auch zu nutzen. Und dafür gibt es kaum einen besseren Ort als den Arbeitsplatz.

3.1   Stressbelastung in der modernen Arbeitswelt

Sowohl in gesellschaftlicher als auch in wirtschaftlicher Hinsicht gab es in den vergangenen Jahrzehnten einen tiefgreifenden und schnellen Wandel. Dieser Wandel bringt eine Veränderung der Stressbelastung mit sich. „Stress**belastung**" bezeichnet den als unangenehm empfundenen Spannungszustand, welcher durch die von außen auf die Gesundheit von Mitarbeitern einwirkenden Einflüsse entsteht. Wie im folgenden Abschnitt verdeutlicht, unterscheidet sich diese Form der Belastung von dem landläufigen Verständnis von

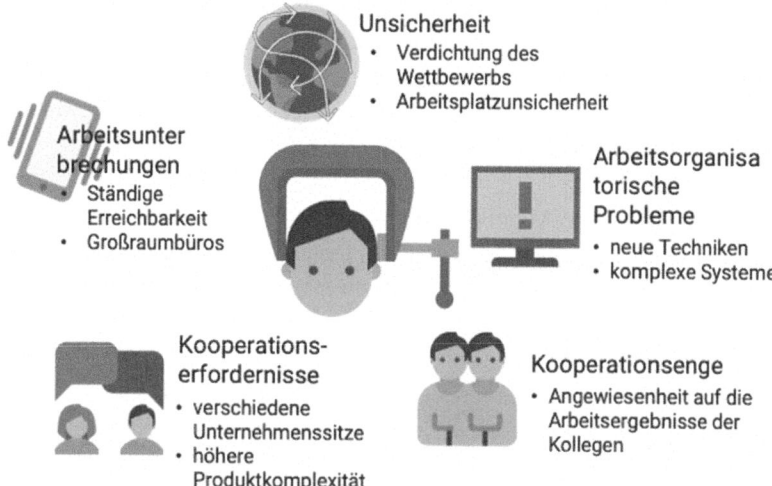

Abb. 3.2 Stressoren der modernen Arbeitswelt

Stress, wo Stress einfach mit viel tun zu haben gleichgesetzt wird, was sowohl gut auch als auch schlecht sein kann für die Gesundheit (Struhs-Wehr, 2017). Dieser Abschnitt soll daher beleuchten, was Stressoren sind, die zu einer Belastung führen und inwiefern sie sich in den letzten Jahren verändert haben. Gleichermaßen werden wir aber auch auf Ressourcen in der heutigen Arbeitswelt eingehen und wie diese die Wirkung von Stressoren abfedern.

Stressoren sind Faktoren, die das Erreichen des Arbeitsziels verhindern oder erschweren, und das Potenzial haben, Stress hervorzurufen (siehe Abb. 3.2). Sie können verschiedenen Bereichen zugeordnet werden:

Unsicherheit Die Globalisierung hat in den letzten Jahrzehnten zu einer unglaublichen Verdichtung des Wettbewerbs geführt. Unternehmen konkurrieren nicht mehr wie früher lediglich innerhalb ihrer Region oder ihres Landes miteinander, sondern mit Unternehmen auf ganzen Welt. Dieser höhere Druck geht auch auf die Angestellten über, die mit Anpassungen und Veränderungen ihrer Arbeit und ihres Unternehmens umgehen müssen und Angst um den Verlust ihres Arbeitsplatzes haben.

Arbeitsorganisatorische Probleme Wer kennt kein Beispiel gescheiterter Softwareeinführungen in Unternehmen. Neue Arbeitsmittel sollen die Arbeit eigentlich erleichtern, viele Mitarbeiter können aber ein Lied davon singen, dass sie sehr oft die Arbeit auch erschweren können. Zusätzlich tun sich gerade ältere Mitarbeiter schwerer mit neuen Techniken umzugehen. Auch werden die Systeme immer komplexer. Das hat messbare Auswirkungen auf die Gesundheit und die Zufriedenheit der Mitarbeiter (Irmer et al., 2019; Meyer et al., 2019).

Arbeitsunterbrechungen Erreichbarkeit ist aufgrund von neuen Technologien, wie dem Smartphone, nicht nur gegeben, sondern wird häufig auch mehr und mehr verlangt. Auch geht der Trend zu Großraumbüros, wofür es berechtigte Gründe geben mag, aber diese Arbeitsumgebung führt zwangsweise zu vielen Unterbrechungen und verringert die Möglichkeiten konzentrierten Arbeitens an einer Sache.

Kooperationserfordernisse Mitarbeiter sind zunehmend über mehrere Standorte und Länder verteilt. Zusätzlich werden Produkte immer komplexer und erfordern ein höheres Maß an Zusammenarbeit. Einfache, manuelle Tätigkeiten werden zunehmend automatisiert. Die verbleibenden Aufgaben sind gestalterischer, planerischer und interaktiver Natur und erfordern mehr Zusammenarbeit zwischen Personen.

Kooperationsenge Die zunehmenden Kooperationserfordernisse bedingen eine zunehmende Kooperationsenge, das heißt, als Mitarbeiter sind Sie mehr denn je auf die Arbeitsergebnisse Ihrer Kollegen angewiesen und diese auf Ihre. Entspanntes für sich arbeiten war gestern.

Natürlich führt das Vorhandensein dieser Faktoren nicht zwangsläufig und unmittelbar zur Entstehung von Stress. Ob und in welchem Ausmaß Personen Stress empfinden, ist immer abhängig von der Intensität und Dauer der Stressoren. Wenn Sie einmal nicht mit Ihren Aufgaben weiterkommen, weil Sie auf Ihren Kollegen warten müssen, können Sie das aushalten. Müssen Sie aber ständig auf einen oder mehrere Kollegen warten, bevor Sie Ihre Arbeit fortführen können, führt das zu Stressbelastung. Auch die Kombination der Faktoren ist von Bedeutung: Wenn Sie ohnehin schon auf die Ergebnisse anderer warten mussten, um Ihre Arbeit zu machen zu können, reagieren Sie empfindlicher, wenn Sie dann auch noch jemand unterbricht, wenn Sie endlich Ihre Arbeit machen wollten.

Den Ausgleich zu Stressoren bilden Ressourcen. Ressourcen bezeichnen Umstände, die sich gesundheitsförderlich auswirken (siehe Abb. 3.3).

Handlungsspielraum Sich entscheiden zu können wie man seine Arbeit erledigt, hat einen positiven Einfluss auf das Stresslevel und die Gesundheit (Irmer et al., 2019). Der Handlungsspielraum hat in den letzten Jahren tendenziell zugenommen, da Tätigkeiten mit wenig Spielraum – klassisches Beispiel ist die Fließbandarbeit – zunehmend automatisiert werden.

Variabilität Abwechslung in den Arbeitsaufgaben wirkt sich positiv auf die Gesundheit und das Stresslevel aus (Etkin & Mogilner, 2016). Da immer mehr Funktionen und Aufgaben zusammengeführt werden, ist die Variabilität von Arbeitsaufgaben, die eine Person durchführen muss, in den letzten Jahren zunehmend gestiegen.

Partizipation Die Mitbestimmung der Mitarbeiter ist in den letzten Jahren immer wichtiger geworden (Hamel & Zanini, 2020; Reinhold, 2020). Kein Unternehmen will über sich sagen lassen, dass es eine streng hierarchische Struktur hat und einen autoritären Führungsstil

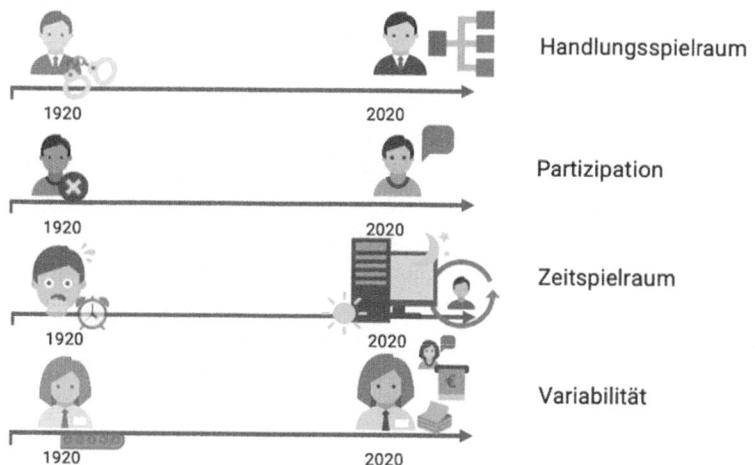

Abb. 3.3 Ressourcen der modernen Arbeitswelt

befürwortet. Hierarchien werden zunehmend verflacht und die Mitarbeiter ermutigt, eigene Ideen und Vorschläge einzubringen.

Zeitspielraum Home-Office und flexible Arbeitszeiten ermöglichen mehr denn je, die Arbeit dann zu erledigen, wann es einem am besten passt. Die Nachteule kann im Extremfall um 2 Uhr morgens ihre Arbeit erledigen, der Frühaufsteher schon um 5 Uhr bei der Arbeit sein.

Nun haben wir behauptet, dass Ressourcen grundsätzlich gesundheitsförderlich sind und Stressoren kompensieren können. Das stimmt natürlich nur bedingt. Denn wenn ein Mitarbeiter Schwierigkeiten mit der Selbstorganisation hat, dann tut der Arbeitgeber ihm mit freier Zeiteinteilung und viel Handlungsspielraum keinen Gefallen. Die Person wird sich überfordert fühlen, Aufgaben aufschieben und am Ende noch mehr Stress erleiden als bei stringenten Vorgaben. Ressourcen können, je nach Persönlichkeit, also auch zu Stressoren werden. Die benannten Beispiele sind nur gesundheitsförderlich, wenn eine Person über eine gute Selbststeuerung verfügt. Jedoch unterscheiden sich Mitarbeiter in dieser Fähigkeit (Deci & Ryan, 2012). So gibt es Personentypen, die davon profitieren, wenn sie die Freiheit haben sich Arbeit und Zeit frei einzuteilen, wohingegen andere darunter leiden, da sie es nicht in dem Maße gewohnt sind und Selbstorganisation für sie anstrengend ist. Die Mitarbeiterberatung kann sowohl Personen helfen mit Belastungen umzugehen, als auch Ressourcen besser zu nutzen.

Exkurs: Agile Work & New Work

Die beiden Konzepte des Agile Work und New Work sind seit geraumer Zeit in aller Munde. Doch wie steht es um ihre Auswirkungen auf das Stressempfinden?

Unter Agilem Arbeiten versteht man die Projektarbeit, die in kurzen Abschnitten, in der Regel 2 bis 4 Wochen erfolgt. Am Ende jedes Abschnitts werden die Arbeitsergebnisse bewertet und neue Ziele für die beginnende Periode festgelegt. Pläne werden immer nur für den nächsten Abschnitt detailliert formuliert. Es wird nicht in Abteilungen, sondern projektweise in immer neu zusammengesetzten Teams gearbeitet. Agiles Arbeiten geht mit einer hohen Eigenverantwortung einher. Von den Teams wird erwartet, dass sie sich selbst und autonom organisieren. Bisher gibt es erst wenige Studien zu dieser Arbeitsweise, diese allerdings weisen auf ein verringertes Stresserleben mit Agile Work Methoden hin. Insbesondere über den Verlauf der Zeit zeigte sich, dass kurz vor Ende der Projekte bei klassischer Projektarbeit mehr Stress empfunden wurde, als das bei agilem Arbeiten der Fall war (Tuomivaara et al. 2017). Andere Studien fanden jedoch nicht bei allen Teammitgliedern die gleichen Verbesserungen im Stressempfinden (Laanti, 2013), was weiter bestätigt, dass eine höhere Eigenverantwortung und mehr Freiraum bei der Gestaltung der Arbeit nicht für alle Personen positiv ist.

Im Vergleich dazu ist das Konzept des New Work schwerer zu definieren. Oftmals werden darunter allgemein alle innovativen Arbeitsansätze gefasst. So kann auch das agile Arbeiten ein Teil von New Work sein. Die Ziele sind meist größtmögliche Selbstständigkeit und die Teilhabe an der Gesellschaft. Zum Konzept von New Work gehören etwa neue Arbeitsformen, wie die 4-Tage-Woche, oder technische Strukturen, die flexibles Arbeiten von vielen Orten erlauben. Arbeit wird nicht in klassischen Abteilungen, sondern eher projektweise erledigt, sodass für jedes Projekt ein neues individuelles Team gebildet werden kann, das für dieses Projekt die richtigen Kompetenzen mitbringt. Fluide Teams, Crowdworking (also das Engagieren von Personen, die ihre Arbeit über das Internet von überall aus anbieten können) oder Work-Life-blending (Auflösen der Grenzen zwischen Arbeit und Privatleben) können alles Aspekte von New Work sein. Der schwierigen Lage der Definition entsprechend ist es kaum möglich, Studien mit spezifischen Aussagen zu finden. Eine Übersicht von Kompier (2006) fasst die Situation zusammen: Effekte von New Work können sowohl positiv – wenn sie Freiräume schaffen – als auch negativ – wenn sie Belastung und Druck erhöhen – sein.◄

3.2   Höhe der psychischen Erkrankungen

Jedes Jahr sind innerhalb Deutschlands mehr als 25 % der Bevölkerung von einer psychischen Erkrankung betroffen (Jacobi et al., 2014), was wiederum rund 17,8 Mio. Menschen

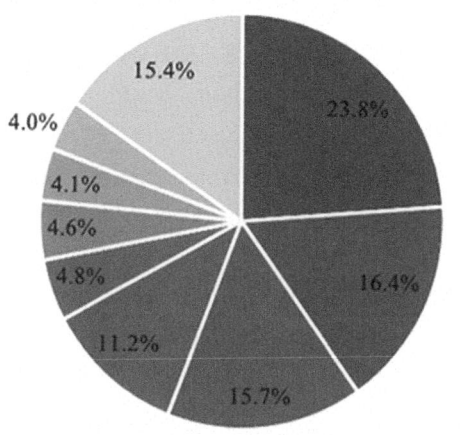

15.4%

4.0%

4.1%

4.6%

4.8%

11.2%

15.7%

23.8%

16.4%

- Muskel-Skelett-System
- Atmungssystem
- Psychische Störungen
- Verletzungen/Vergiftungen
- Infektionen
- Verdauungssystem
- Herz-Kreislauf-System
- Neubildungen
- Sonstige

Abb. 3.4 AU-Tage je 100 beschäftigte Mitglieder der BKKen bzw. Anteile in Prozent

entspricht. Von diesen nehmen jedoch lediglich 18,9 % Kontakt zu Gesundheitsdienstleistern wie Ärzten und Psychologen auf (Mack et al., 2014). Obwohl in den frühen 2000er Jahren die Gruppe Beschäftigungsloser einen überproportionalen Anteil psychischer Diagnosen aufwies, waren es im letzten Jahrzehnt besonders die Berufstätigen, bei denen die psychisch bedingten Fehlzeiten auffällig stiegen (Statista Research Department, 2019).

Jährlich erstellen Krankenkassen mittels einer repräsentativen Befragung von Beschäftigten Gesundheitsberichte zu verschieden Fokusthemen. Mit einer Vielzahl an Daten und Statistiken bilden diese eine informative Grundlage für Unternehmen. Sie enthalten neben soziodemografischen Merkmalen und Schwerpunktthemen unter anderem Fallzahlen zur Arbeitsunfähigkeit (AU).

Zum Themenschwerpunkt psychische Gesundheit veröffentlichte die DAK eine Langzeit-Analyse, den Psychoreport 2019. Dieser berichtet, dass sich das Volumen der Fehltage seit 1997 mehr als verdreifacht hat, mit Depressionen als häufigster Ursache (DAK, 2019). Betrachtet man das AU-Geschehen des BKK Gesundheitsreport von 2019 (Knieps & Pfaff, 2019), stellt man fest, dass im Jahre 2018 Muskel- und Skeletterkrankungen mit einem Anteil von 23,8 % die Spitze der AU-Tage markierten, direkt gefolgt von Atemwegserkrankungen (16,4 %) und psychischen Erkrankungen (15,7 %) (siehe Abb. 3.4). Letztgenannte wirken dabei zunächst nicht gerade gewichtig. Jedoch gewinnt ihr Anteil besondere Bedeutung, wenn man im Vergleich dazu die Verteilung der AU-Fälle dieser Diagnosegruppen betrachtet: Erkrankungen des Muskel-Skelett-Systems nehmen hier 15,6 %, des Atmungssystems 30,3 % und jene psychischer Erkrankungen lediglich 5,5 % ein (siehe Abb. 3.5). Obwohl psychische Erkrankungen also einen relativ kleinen Anteil der AU-Fälle ausmachen, sind sie für einen hohen Anteil der AU-Tage verantwortlich – durchschnittlich fallen Mitarbeiter mit einer psychischen Erkrankung mehr als

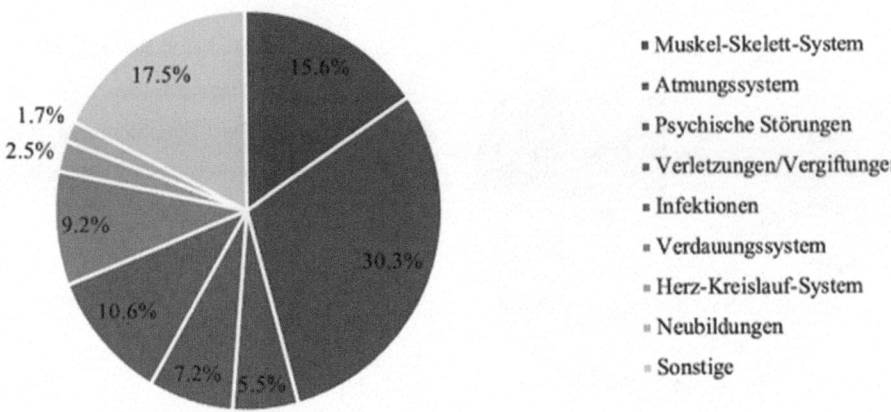

Abb. 3.5 AU-Fälle je 100 beschäftigte Mitglieder der BKKen bzw. Anteile in Prozent

5 Wochen aus. Innerhalb der letzten Dekade, also von 2008 bis 2018, haben sich die Fehltage aufgrund psychischer Störungen mit + 129,4 % mehr als verdoppelt.

3.3   Entwicklung Absentismus und Präsentismus

Den gesundheitsbezogenen Kostenanstieg bekommen vor allem das Gesundheitssystem und Unternehmen zu spüren bekommen. Vermehrt müssen Unternehmen mit Produktivitätseinbußen und krankheitsbedingten Fehlzeiten rechnen (Lohaus & Habermann, 2018). In diesem Zusammenhang spielt nicht nur Absentismus, sondern auch der sogenannte Präsentismus eine Rolle. Pro Mitarbeiter und Jahr entstand im Jahr 2009 ein Produktivitätsverlust in Höhe von 2.399 € durch Präsentismus und in Höhe von 1.199 € durch Absentismus (Maar et al., 2011).

Absentismus umschreibt ganz allgemein die Abwesenheit eines Arbeitnehmers von seinem Arbeitsplatz, womit er eine gleichbedeutende Bezeichnung der Fehlzeiten im klassischen Sinne ist. Fehlzeiten können ungewollt, z. B. durch Krankheit entstehen, aber natürlich auch gezielt herbeigeführt sein, wenn ein Arbeitnehmer bewusst nicht zur Arbeit geht, obwohl er dazu in der Lage wäre. In der Praxis lässt sich aber schlichtweg nicht unterscheiden, wer unfreiwillig und wer freiwillig fehlt. Demgemäß beschreibt Absentismus im Folgenden allgemein Fehlzeiten, unabhängig von ihrer Ursache.

Präsentismus bezeichnet dagegen das Phänomen, dass Arbeitnehmer trotz gesundheitlicher Beeinträchtigungen an ihrem Arbeitsplatz erscheinen. Insofern ist ihre Arbeit mit krankheitsbedingten Leistungseinschränkungen verbunden. Theoretisch sind sie zwar anwesend, aber ihre Anwesenheit entspricht nicht der vollen Arbeitsleistung (Steinke & Badura, 2011). Präsentismus ist nur schwer zu erfassen. Schließlich ist im Gegensatz zu Absentismus für andere nicht immer offenkundig sichtbar, ob und inwiefern Betroffene gesundheitlich eingeschränkt sind (Lohaus & Habermann, 2018). Neben den direkten Kosten einer verminderten Produktivität bei der Arbeit, können ebenfalls indirekte Kosten entstehen. Sie entwickeln sich, sobald Arbeitnehmer über einen längeren Zeitraum ihre Arbeit aufnehmen und ihre Erkrankung eben nicht „ausheilen" lassen. Mit einer Verschleppung der Symptomatik kann dann längerfristig nicht nur die Produktivität eingeschränkt sein, sondern auch eine Genesung viel mehr Zeit in Anspruch nehmen oder nicht mehr realisierbar sein. Zwar wird das dann nicht mehr dem Präsentismus zugeschrieben, ist jedoch eigentlich ursächlich verantwortlich. Die „versteckten" Kosten sind dabei weitaus schwerwiegender, als man annehmen würde: Laut den jährlichen Daten einer amerikanischen Bank nahmen die direkten medizinischen Kosten einer Krankheit nur 24 % ($116.2 Mio.) ein, wohingegen die restlichen Kosten mit 6 % ($27 Mio.) durch Absentismus und mit 63 % ($311.8 Mio.) durch Präsentismus bedingt waren (Hemp, 2004). Krankheitsbedingte Einschränkungen der Arbeitsproduktivität sind also äußerst kostspielig (vgl. Steinke & Badura, 2011). Daraus ergibt sich, dass die Krankenquote allein längst nicht aussagekräftig ist.

3.3.1 Entwicklung über die Zeit

Der Gesundheitsreport der Techniker Krankenkasse zum Thema Arbeitsunfähigkeit (Grobe & Bessel, 2020) zeigt über die Jahre von 2006 bis 2015 einen kontinuierlich steigenden Trend der durchschnittlichen Fehltage von 11,4 auf 15,4 pro Arbeitnehmer. Seitdem bewegen sich die Fehltage um diesen Wert, mit ebenfalls 15,4 Fehltagen im Jahre 2019 (Grobe & Bessel, 2020). In puncto Präsentismus offenbarte dagegen eine der bisher wenigen in Deutschland durchgeführten Studien von Pohling und Kollegen (2016) eine Präsentismusquote von rund 92 % (!). Das bedeutet, dass 92 % der rund 900 befragten Erwerbstätigen angaben, innerhalb der letzten 12 Monate zur Arbeit gegangen zu sein, obwohl sie das Gefühl hatten sich krankschreiben lassen zu müssen. Auch eine 2017 in Deutschland durchgeführte Umfrage zur Bereitschaft mit Fieber oder Grippe zur Arbeit zu gehen belegt diesen Trend (Radtke, 2017a): Nur rund 18 % gaben an, in diesen Fällen nie zu arbeiten, wohingegen 82 % hin und wieder auch mit Fieber oder Grippe arbeitet. Die Ergebnisse einer dänischen Arbeitnehmerstichprobe von 2008 bestätigen diese Zahlen ebenfalls (Hansen & Andersen, 2008). Die Ergebnisse zeigten, dass mehr als 70 % der Belegschaft mindestens einmal innerhalb eines Zeitraums von 12 Monaten krank arbeitete. All diese Studien unterstreichen die Relevanz der Thematik, da offenkundig ein Großteil der Beschäftigten trotz empfundener Krankheitssymptome auf der Arbeit erscheint.

3.3.2 Beweggründe und Ursachen

Wie bereits erwähnt kann Absentismus nicht nur unfreiwillig, z. B. durch Krankheit, sondern auch freiwillig herbeigeführt sein. Die Ursache hierfür kann aus einem Zusammenwirken organisatorischer Faktoren, wie den Arbeitsbedingungen und dem Betriebsklima, und persönlichen Faktoren, wie der Motivation und Arbeitszufriedenheit der Beschäftigten entstehen. Schlussendlich stellt die Arbeitszufriedenheit jedoch einen gravierenden Faktor dar. Eine Auswertung der Erwerbstätigenbefragung der Bundesanstalt für Arbeitsschutz und Arbeitsmedizin (BAuA) von 2012 von Schnabel und Lechmann (2019) zeigte etwa, dass Erwerbstätige, die mit ihrer Arbeit weniger oder nicht zufrieden sind, deutlich häufiger und länger fernbleiben, als Erwerbstätige, die sehr zufrieden oder zufrieden sind. Den fast 15 jährlichen Fehltagen der weniger oder nicht zufriedenen stehen hier nur circa 8 Fehltage der zufriedenen oder sehr zufriedenen Arbeitnehmer gegenüber.

Auch die zugrunde liegenden Motive für Präsentismus können verschiedenen Ursprungs sein: Laut einer deutschlandweiten Umfrage von 2017 sind die beiden meist genannten Gründe mit 37 % „die Kollegen entlasten zu wollen" und 36 % „die Arbeit soll nicht liegen bleiben", 25 % „ich bin der Einzige mit den Fähigkeiten für eine bestimmte Tätigkeit", 18 % „ich habe Angst um meinen Arbeitsplatz" und 10 % „das ist in meiner Firma so üblich" (Radtke, 2017b).

Interessanterweise zeigt sich, dass Absentismus und Präsentismus eng miteinander verknüpft sind (Lohaus & Habermann, 2018). So können Interventionen mit dem Ziel Absentismus zu reduzieren (z. B. Anwesenheitspflicht und -kontrolle) genauso gut mit einem Anstieg von Präsentismus einhergehen. Umgekehrt können auf Präsentismus abgezielte Maßnahmen (z. B. Betonung der Achtung/Bedeutung der Gesundheit) Absentismus fördern. Wird innerhalb eines Unternehmen etwa eine verlockende Anwesenheitsprämie eingeführt, um Absentismus zu reduzieren, können sich auch „kranke" Beschäftigte dazu gedrängt fühlen arbeiten zu „müssen". Im Ergebnis steigt wiederum der Absentismus. Die externe Mitarbeiterberatung hat positive Auswirkungen sowohl auf den Präsentismus als auch auf den Absentismus (siehe Kap. 10) und kann die dadurch entstehende ökonomische Last für die Unternehmen abfedern.

3.4   Grundsatz der Prävention

2016 gaben deutsche Betriebe insgesamt 5 Mrd. Euro für Prävention und Gesundheitsschutz aus (BDA, 2019). Warum? Weil es nach Einschätzung der Betriebe mindestens doppelt so teuer ist einen einmal angerichteten gesundheitlichen Schaden zu versuchen zu beheben, als ihn von vorne herein zu verhindern (International Social Security Association, 2013). Teilweise wird von noch einem viel höheren Nutzen ausgegangen, der im Bereich des 5 oder 6-fachen liegt (Barthelmes et al., 2019). Eine Krankheit zu Heilen kostet also 5 oder 6 Mal so viel, wie eine Krankheit zu verhindern.

Man unterscheidet zwischen drei Stufen und zwei Arten der Prävention, die wir im Folgenden erläutern werden.

3.4.1 Stufen der Prävention

Primäre Prävention ist darauf ausgerichtet, die Entstehung von Krankheiten zu vermeiden. Das bedeutet sowohl die Gestaltung eines gesundheitsförderlichen Arbeitsumfeldes sowie die aktive Förderung und Unterstützung einer gesundheitsbewussten Lebensweise. Zum Beispiel könnte das Stresslevel durch einen besseren Informationsfluss zwischen den Mitarbeitern eines Projekts mittels einer neuen Projektmanagementsoftware gesenkt werden (Arbeitsumfeld). Oder Arbeitnehmer könnten sich in einer Fortbildung bessere Kommunikationsfähigkeiten aneignen, um effektiver Informationen weiterzugeben und schneller an relevante Informationen durch gezielte Fragen zu gelangen. Auch frühzeitig Rat wegen eines Konfliktes mit einem Kollegen zu suchen, zum Beispiel bei einer Mitarbeiterberatung, fällt in den Bereich der primären Prävention.

Sekundäre Prävention dient wiederum der Früherkennung und Linderung von Krankheiten, um sich entwickelnde manifeste Gesundheitsbeeinträchtigungen zu verhindern. Die betriebliche Darmkrebsvorsorge, bei der Angestellte ab einem bestimmte Lebensalter regelmäßig die Möglichkeit haben sich kostenfrei auf Darmkrebs untersuchen zu lassen, ist ein Beispiel für sekundäre Prävention (Felix Burda Stiftung, 2020). Aber auch frühzeitig die Mitarbeiterberatung wegen Stimmungsschwankungen oder dauerhafter Bedrückung, mögliche Symptome einer beginnenden Depression, aufzusuchen, heißt sekundäre Prävention zu betreiben.

Tertiäre Prävention bezieht sich auf die Verhinderung von Rückfällen in die Erkrankung (Bundesministerium für Gesundheit, 2020; Struhs-Wehr, 2017). Organisationale tertiäre Prävention umfasst somit das betriebliche Eingliederungsmanagement, also die Abklärung, wie die Arbeit in der Phase nach der Arbeitsunfähigkeit gestaltet werden muss, sodass die Belastung nicht zu hoch ist und eine erneute Erkrankung hervorgerufen werden könnte. Andererseits beinhaltet tertiäre Prävention auch die Nachsorge im Rahmen einer (psycho-)therapeutischen Behandlung, in der besonderes Augenmerk auf die Rückkehr von Krankheitssymptomen gelegt wird, sodass schnell Gegenmaßnahmen in Form von weiteren therapeutischen Sitzungen eingeleitet werden können. Wenn diese Nachsorge nicht im Rahmen der psychotherapeutischen Versorgung erfolgt oder erfolgen kann, kann diese Aufgabe auch durch einen entsprechend geschulten Berater der Mitarbeiterberatung übernommen werden.

3.4.2 Verhaltens- und Verhältnisprävention

Kommen wir nun zur Unterscheidung der zwei verschiedenen Arten der Prävention. Die Ansätze gesundheitsbezogener Maßnahmen lassen sich grundsätzlich darin unterscheiden, ob sie unmittelbar auf die einzelne Person und deren Gesundheitsverhalten – Verhaltensprävention – oder aber auf deren (Arbeits-)Umfeld – Verhältnisprävention – abzielen.

Verhältnisprävention ist institutionell verwurzelt und umfasst jene Maßnahmen, die Lebens- und Arbeitsverhältnisse schaffen, welche die Gesundheit nicht schädigen (Semmer & Zapf, 2004). Verhältnisprävention zielt entweder darauf ab, Belastungen, also Einflüsse, die auf einen Mitarbeiter einwirken, zu verringern oder aber Ressourcen, also Umstände, die sich gesundheitsförderlich auswirken, wie in Abschn. 3.1 beschrieben, zu vermehren.

Verhaltensprävention zielt auf das individuelle Verhalten einer Person ab und fördert solche Verhaltensweisen, die Gesundheitsrisikofaktoren reduzieren und die persönliche Gesundheitskompetenz stärken (Bundesministerium für Gesundheit, 2019). Das kann zum Beispiel ein Seminar oder ein Coaching zu gesunder Ernährung, zur Reduktion des Alkoholkonsums oder aber zu Stressbewältigungstechniken sein.

Die **Mitarbeiterberatung** ist in erster Linie ein Instrument der Verhaltensprävention, da die Beratung immer erst bei dem einzelnen Mitarbeiter und dessen Verhalten, Gedanken und Gefühlen ansetzt. Sobald sich aber Führungskräfte oder die sogar die Geschäftsleitung innerhalb ihrer für ihre Position und nicht nur für sich selbst coachen lassen, beginnt der Übergang zur Verhältnisprävention, da diese Personen ja die Möglichkeit haben, aktiv die Arbeitsbedingungen zu gestalten. Über diesen Weg kann die Mitarbeiterberatung dann zu einer Methode der Verhaltens- und Verhältnisprävention werden.

3.5   Lange Wartezeiten auf psychologische Behandlung

Der Weg vom Wunsch nach einer Therapie bis zum Beginn der eigentlichen Therapie ist oft lang. Laut einer Umfrage der Bundes-Psychotherapeutenkammer warteten Patienten 2011 im Durchschnitt rund 3 Monate auf ein erstes Gespräch mit einem Therapeuten oder einer Therapeutin. Bis zum Beginn der eigentlichen Therapie betrug die durchschnittliche Wartezeit sogar 5 Monate (BPtK, 2018)!

Um diesen enormen Wartezeiten entgegenzuwirken, beschloss der Gemeinsame Bundesausschuss[1] die Psychotherapierichtlinie zu reformieren. Im Zuge der Reform sind psychotherapeutische Praxen mit Kassensitz seit April 2017 nun verpflichtet, vier

---

[1] Der Gemeinsame Bundesausschuss (G-BA) ist ein aus 13 Mitgliedern bestehendes Gremium. Dazu zählen drei unparteiische Mitglieder, 5 Vertreter der gesetzlichen Krankenkassen und 5 Vertreter der Leistungserbringer (Kassenärztliche Bundesvereinigung, Deutsche Krankenhausgesellschaft,

therapeutische Sprechstunden à 25 min pro Woche anzubieten (Gemeinsamer Bundesausschuss, 2019). Freie Sprechstundentermine werden der Kassenärztlichen Vereinigung
mitgeteilt, sodass Termine zentral koordiniert werden und Patienten somit möglichst
schnell einen freien Sprechstundentermin erhalten können. Erst nach dieser Sprechstunde
und einer vorläufigen Diagnosestellung durch den Therapeuten kann mit einer Therapie
begonnen werden. Auf diese Weise sind Psychotherapeuten verpflichtet eine Sprechstunde
anzubieten und Patienten in Akutfällen eine Kurzzeitbehandlung zu ermöglichen. Jedoch
sind die Termine nach wie vor rar, und auch die Wartezeiten haben sich weiterhin nicht
in gewünschter Weise verkürzt.

Zwar mussten Patienten nach einer Direktanfrage in einer Praxis im Durchschnitt nur
noch rund 6 Wochen auf eine Sprechstunde bzw. einen Ersttermin warten (2011 waren
es noch 12 Wochen), doch bis zum Beginn einer Richtlinientherapie (siehe Infokasten)
dauerte es 2017 weiterhin 5 Monate (19,9 Wochen) (BPtK, 2018). Eine Verkürzung im
Vergleich zu 2011 ist mit rund 3,5 Wochen weniger Wartezeit zwar messbar, dennoch
stimmen wir mit der Schlussfolgerung der Bundespsychotherapeutenkammer, dass eine
Wartezeit von 5 Monaten noch immer deutlich zu lang ist, uneingeschränkt überein.
Auch können mehr als die Hälfte der Patienten (51,9 %) nach der Sprechstunde nicht
die Therapie bei demselben Therapeuten beginnen, sondern müssen aufgrund mangelnder
Kapazitäten zu einem anderen Therapeuten vermittelt werden.

Hintergrund: Richtlinienpsychotherapie
Unter „Richtlinienpsychotherapie" sind die, aufgrund ihrer nachgewiesenen Wirksamkeit, vom
gemeinsamen Bundesausschuss (G-BA) des deutschen Gesundheitswesens anerkannten Verfahren
der Psychotherapie zusammengefasst. Die aktuell anerkannten Verfahren in Deutschland sind:

- Verhaltenstherapie
- Psychoanalytisch begründete Verfahren
  - Tiefenpsychologisch fundierte Psychotherapie
  - Analytische Psychotherapie
- Systemische Therapie

(Gemeinsamer Bundesausschuss, 2019).

Zudem zeigen sich große regionale Unterschiede in den Wartezeiten auf einen Termin beim Psychotherapeuten. Auf dem Land und im Ruhrgebiet ist die Zahl der
Psychotherapeuten pro Einwohner besonders gering. Dies ergibt sich aus der Bedarfspla-
nungsrichtlinie, laut welcher in Großstädten knapp dreimal so viele Psychotherapeuten pro
Einwohner vorgesehen sind, wie auf dem Land. Durchschnittlich kommen in Großstädten so etwa 55 Psychotherapeuten auf 100.000 Einwohner, wohingegen es in ländlichen
Gebieten sowie im Ruhrgebiet nur 18 bis 20 sind. Allerdings leiden auf dem Land und im

---

Kassenzahnärztliche Bundesvereinigung). Der G-BA ist das höchste Beschlussgremium der Selbst-
verwaltung des deutschen Gesundheitsweisens und entscheidet, welche Leistungen die Versicherten
in Anspruch nehmen können und wie die Qualität der Leistungen gesichert wird.

Tab. 3.1 Wartezeit auf eine Richtlinientherapie in Wochen nach Bundesland. Quelle: (BPtK, 2018)

Bundesland	Wartezeit auf eine Richtlinientherapie in Wochen im Jahr 2017
Baden-Württemberg	17,0
Bayern	19,0
Berlin	13,4
Brandenburg	23,4
Bremen	21,8
Hamburg	18,0
Hessen	16,7
Mecklenburg-Vorpommern	20,2
Niedersachsen	22,9
Nordrhein-Westfalen	23,1
Rheinland-Pfalz	19,4
Saarland	23,6
Sachsen	19,1
Sachsen-Anhalt	19,9
Schleswig–Holstein	21,7
Thüringen	23,7

Ruhrgebiet lebende Menschen nicht seltener an psychischen Erkrankungen, womit nicht nachvollziehbar ist, weshalb ihnen weniger Behandlungsmöglichkeiten geboten werden (Jacobi et al., 2014).

In der Konsequenz müssen Menschen in Regionen mit besonders wenigen Therapeuten pro Einwohner bis zu 2 Monate länger auf eine Therapie warten (BPtK, 2018). Besonders extrem tritt der Unterschied auch im Vergleich zwischen den Regionen zutage: Die Wartezeit auf eine Richtlinientherapie im Ruhrgebiet betrug 2017 im Schnitt knapp siebeneinhalb Monate, während die Wartezeit in Berlin „nur" dreieinhalb Monate betrug (siehe Tab. 3.1).

Für eine Sprechstunde reicht die Wartezeit von knapp sechs Wochen in Baden-Württemberg bis zu siebeneinhalb Wochen in Thüringen (BPtK, 2018).

3.5.1 Verbesserungen durch die Psychotherapierichtlinienreform

Wer sich in einer akuten psychischen Krise befindet, kann nur schlecht Monate auf einen freien Termin in einer Richtlinientherapie warten. Deswegen wurde mit der Reform der Psychotherapierichtlinie die Akutbehandlung (mit maximal 24 Terminen à 25 min) eingeführt. Wird eine Akutbehandlung als notwendig erachtet, dauert es im Schnitt 3 Wochen bis zum ersten Behandlungstermin – zwei Drittel der Praxen können die Akutbehandlung bereits nach zwei Wochen starten. Daneben besteht die Möglichkeit, die Wartezeit mit bis zu sechs Sprechstundenterminen, in denen der Patient bereits stabilisiert werden kann, zu überbrücken (BPtK, 2018). Wie gut die Akutbehandlung sich etablieren wird, muss noch abgewartet werden. 2017 waren jedenfalls seit ihrer Einführung 4–5 % der Terminvereinbarungen Akutbehandlungen. Dass es nun die Möglichkeit gibt, außerhalb der psychiatrischen Notaufnahme relativ schnell eine Behandlung zu beginnen, ist eine sehr positive Entwicklung.

Eine weitere Maßnahme, um lange Wartezeiten auf einen Psychotherapieplatz zu verkürzen, ist die Einrichtung von Terminservicestellen, welche ebenfalls im Zuge der Reform der Psychotherapierichtlinie 2017 eingeführt wurden. Hierbei können sich Patienten direkt bei einer Servicenummer der kassenärztlichen Vereinigung melden, woraufhin sie im Schnitt innerhalb von drei Wochen einen ersten Termin erhalten (BPtK, 2018). Da Psychotherapeuten verpflichtet sind, freie Sprechstundenkapazitäten an Servicestellen zu melden, haben diese immer einen aktuellen Überblick wann und wo ein Patient am schnellsten mindestens ein erstes Gespräch mit einem Therapeuten führen kann.

3.5.2 Weitere Entwicklungen

Während Termine für Therapieplätze weiterhin rar sind, steigt der Psychotherapie-Bedarf stetig. Im Jahr 2011 suchten pro Quartal knapp 1,1 Mio. Patienten psychotherapeutische Behandlung auf, im Jahr 2017 dagegen waren es 1,4 Mio. Dies ist vor allem auf die steigende Behandlungsquote und Entstigmatisierung psychischer Erkrankungen zurückzuführen (BPtK, 2018; Wittchen & Jacobi, 2001).

Zusammengenommen zeigt dieser Einblick, dass die Wartezeiten auf eine psychologische Behandlung trotz der Reform der Psychotherapierichtlinie (2017) noch immer eindeutig zu lang sind. Lange Wartezeiten erhöhen das Risiko, dass gar nicht erst mit der Therapie begonnen wird (Foreman & Hanna, 2000; Issakidis & Andrews, 2004) und stellen eine große Belastung für Patienten dar. Mitunter können sich psychische Erkrankungen durch die langen Wartezeiten verschlimmern, verlängern oder immer wiederkehren (BPtK, 2018; Eisen et al., 2010). Die externe Mitarbeiterberatung sorgt durch frühzeitige Intervention dafür, dass eine Erkrankung gar nicht erst entsteht oder hilft deren Verlauf abzumildern, indem in Therapie vermittelt und die Wartezeit überbrückt wird.

Literatur

Barthelmes, I., Bödeker, W., Sörensen, J., Kleinlercher, K.-M., & Odoy, J. (2019). Iga.Report 40. Wirksamkeit und Nutzen arbeits- weltbezogener Gesundheitsförderung und Prävention. Zusammenstellung der wissenschaftlichen Evidenz 2012 bis 2018 . (iga. https://www.iga-info.de/filead min/redakteur/Veroeffentlichungen/iga_Reporte/Dokumente/iga-Report_40_Wirksamkeit_und_ Nutzen_Gesundheitsfoerderung_Praevention.pdf

Bauer, S., Römer, K., & Geiger, L. (2019). *Präventionsbericht 2019.* Medizinischer Dienst des Spitzenverbandes Bund der Krankenkassen. https://www.gkv-spitzenverband.de/media/dokume nte/krankenversicherung_1/praevention__selbsthilfe__beratung/praevention/praeventionsber icht/2019_GKV_MDS_Praventionsbericht_barrierefrei.pdf

BDA. (2019). *Betriebliche Gesundheitsförderung: Unternehmen engagiert und erfolgreich.* Bundesvereinigung der Deutschen Arbeitgeberverbände (BDA). https://www.arbeitgeber.de/www/arbeit geber.nsf/res/PoPa-BetrGesfoerderung.pdf/$file/PoPa-BetrGesfoerderung.pdf

BPtK. (2018). *Ein Jahr nach der Reform der Psychotherapie-RichtlinieWartezeiten 2018.* Bundespsychotherapeutenkammer (BPtK). https://www.bptk.de/wp-content/uploads/2019/01/201 80411_bptk_studie_wartezeiten_2018.pdf

Bundesministerium für Gesundheit. (2019, Dezember 12). *Glossar: Prävention.* https://www.bundes gesundheitsministerium.de/service/begriffe-von-a-z/p/praevention.html

Bundesministerium für Gesundheit. (2020). Prävention: Betriebliche Gesundheitsförderung. https:// www.bundesgesundheitsministerium.de/themen/praevention/betriebliche-gesundheitsfoerder ung/vorteile.html

DAK. (2019). *DAK-Psychoreport 2019* (S. 1–3). DAK Gesundheit. https://www.dak.de/dak/bundes themen/dak-psychoreport-2019-dreimal-mehr-fehltage-als-1997-2125486.html/

Deci, E. L., & Ryan, R. M. (2012). Self-Determination theory. In P. Van Lange, A. Kruglanski, & E. Higgins (Hrsg.), *Handbook of theories of Social Psychology,* (Bd. 1, S. 416–437). SAGE Publications Ltd. https://doi.org/10.4135/9781446249215.n21

Eisen, J. L., Pinto, A., Mancebo, M. C., Dyck, I. R., Orlando, M. E., & Rasmussen, S. A. (2010). A 2-year prospective follow-up study of the course of obsessive-compulsive disorder. *The Journal of Clinical Psychiatry, 71*(8), 1033–1039. https://doi.org/10.4088/JCP.08m04806blu

Etkin, J., & Mogilner, C. (2016). Does variety among activities increase happiness? *Journal of Consumer Research, 43*(2), 210–229. https://doi.org/10.1093/jcr/ucw021

Felix Burda Stiftung. (2020). *Betriebliche Prävention-Handlungsleitfaden.* Felix-Burda-Stiftung. https://www.felix-burda-stiftung.de/betriebliche-praevention/handlungsleitfaden

Foreman, D. M., & Hanna, M. (2000). How long can a waiting list be? The impact of waiting time on intention to attend child and adolescent psychiatric clinics. *Psychiatric Bulletin, 24*(6), 211–213. https://doi.org/10.1192/pb.24.6.211

Gemeinsamer Bundesausschuss. (2019). *Richtlinie des Gemeinsamen Bundesausschusses über die Durchführung der Psychotherapie.* https://www.g-ba.de/downloads/62-492-2029/PT-RL_2019- 11-22_iK-2020-01-24.pdf

Grobe, T., & Bessel, S. (2020). *Gesundheitsreport 2020 Arbeitsunfähigkeiten* (S. 79). Techniker Krankenkasse. https://www.tk.de/resource/blob/2081662/6382c77f2ecb10cc0ae040de07c6807f/ gesundheitsreport-au-2020-data.pdf

Hamel, G., & Zanini, M. (2020, August 17). *Warum Michelin seinen Mitarbeitern mehr Macht überlässt.* https://www.manager-magazin.de/harvard/management/mitbestimmung-bei- michelin-mehr-macht-den-mitarbeitern-a-00000000-0002-0001-0000-000172382644

Hansen, C. D., & Andersen, J. H. (2008). Going ill to work – What personal circumstances, attitudes and work-related factors are associated with sickness presenteeism? *Social Science & Medicine, 67*(6), 956–964. https://doi.org/10.1016/j.socscimed.2008.05.022

Hemp, P. (2004, Oktober). *Presenteeism: At Work – But Out of It.* https://hbr.org/2004/10/presentee ism-at-work-but-out-of-it

Irmer, J. P., Kern, M., Schermelleh-Engel, K., Semmer, N. K., & Zapf, D. (2019). The Instrument for Stress-Oriented Task Analysis (ISTA): A Meta-Analysis. *Zeitschrift für Arbeits- und Organisationspsychologie A&O, 63*(4), 217–237. https://doi.org/10.1026/0932-4089/a000312

Issakidis, C., & Andrews, G. (2004). Pretreatment attrition and dropout in an outpatient clinic for anxiety disorders. *Acta Psychiatrica Scandinavica, 109*(6), 426–433. https://doi.org/10.1111/j.1600-0047.2004.00264.x

Jacobi, F., Höfler, M., Siegert, J., Mack, S., Gerschler, A., Scholl, L., Busch, M. A., Hapke, U., Maske, U., Seiffert, I., Gaebel, W., Maier, W., Wagner, M., Zielasek, J., & Wittchen, H.-U. (2014). Twelve-month prevalence, comorbidity and correlates of mental disorders in Germany: The Mental Health Module of the German Health Interview and Examination Survey for Adults (DEGS1-MH). *International Journal of Methods in Psychiatric Research, 23*(3), 304–319. https://doi.org/10.1002/mpr.1439

Knieps, F., & Pfaff, H. (2019). *Psychische Gesundheit und Arbeit—Zahlen, Daten, Fakten mit Gastbeiträgen aus Wissenschaft, Politik und Praxis (BKK Gesundheitsreport).* BKK Dachverband e.V. https://www.bkk-dachverband.de/publikationen/bkk-gesundheitsreport.html

Kompier, M. A. (2006). New systems of work organization and workers' health. *Scandinavian Journal of Work, Environment & Health,* 421–430.

Laanti, M. (2013) Agile and Wellbeing -- Stress, Empowerment, and Performance in Scrum and Kanban Teams. 46th Hawaii International Conference on System Sciences, 2013, pp. 4761–4770, doi: https://doi.org/10.1109/HICSS.2013.74

Lohaus, D., & Habermann, W. (2018). Begriffserklärungen. *Präsentismus Krank zur Arbeit – Ursachen, Folgen, Kosten und Maßnahmen* (S. 9–22). Springer.

Maar, Dr. C., Fricke, R., Hildebrandt, N., & Drechsler, Dr. M. (2011). *Vorteil Vorsorge: Die Rolle der betrieblichen Gesundheitsvorsorge für die Zukunftsfähigkeit des Wirtschaftsstandortes Deutschland.* Felix Burda Stiftung in Zusammenarbeit mit Booz & Company. https://www.felix-burda-stiftung.de/sites/default/files/documents/Studie_FBS_Booz_Vorteil_Vorsorge_2011.pdf

Mack, S., Jacobi, F., Gerschler, A., Strehle, J., Höfler, M., Busch, M. A., Maske, U. E., Hapke, U., Seiffert, I., Gaebel, W., Zielasek, J., Maier, W., & Wittchen, H.-U. (2014). Self-reported utilization of mental health services in the adult German population - evidence for unmet needs? Results of the DEGS1-Mental Health Module (DEGS1-MH): Utilization of Mental Health Services in Germany. *International Journal of Methods in Psychiatric Research, 23*(3), 289–303. https://doi.org/10.1002/mpr.1438

Meyer, S.-C., Tisch, A., & Hünefeld, L. (2019). Arbeitsintensivierung und Handlungsspielraum in digitalisierten Arbeitswelten – Herausforderung für das Wohlbefinden von Beschäftigten? Industrielle Beziehungen. *Zeitschrift für Arbeit, Organisation und Management, 26*(2), 207–231. https://doi.org/10.3224/indbez.v26i2.06

Pohling, R., Buruck, G., Jungbauer, K.-L., & Leiter, M. P. (2016). Work-related factors of presenteeism: The mediating role of mental and physical health. *Journal of Occupational Health Psychology, 21*(2), 220–234. https://doi.org/10.1037/a0039670

Radtke, R. (2017a, November 9). *Ist es schon vorgekommen, dass Sie mit Fieber, Grippe oder ähnlichen Erkrankungen zur Arbeit gegangen sind?* Statista: Pharma & Gesundheit. https://de.statista.com/statistik/daten/studie/778607/umfrage/umfrage-zur-bereitschaft-in-deutschland-mit-fie ber-oder-grippe-zur-arbeit-zu-gehen/

Radtke, R. (2017b, November 9). *Sie haben angegeben, dass Sie (teilweise) arbeiten gehen bzw. Von zuhause aus arbeiten, wenn Sie krank sind. Was sind die Gründe dafür?* Statista: Pharma & Gesundheit. https://de.statista.com/statistik/daten/studie/778613/umfrage/gruende-fuer-praesenti smus-in-deutschland-nach-altersgruppe/

Reinhold, K. (2020). New Work: Freier und flexibler. *Textilwirtschaft, 37,* 40–42.

Schnabel, C., & Lechmann, D. S. J. (2019). Präsentismus und Absentismus von Arbeitnehmern: Zwei Seiten derselben Medaille? *Wirtschaftsdienst, 99*(6), 404–410. https://doi.org/10.1007/s10 273-019-2465-1

Semmer, N. K., & Zapf, D. (2004). Gesundheitsbezogene Interventionen in Organisationen. In H. Schuler (Hrsg.), *Enzyklopädie der Psychologie, Themenbereich D Praxisgebiete, Serie III, Band 4 Organisationspsychologie* (2. Aufl., S. 773–843). Hogrefe.

Statista Research Department. (2019, February 11). *Statistiken zu psychischen Erkrankungen.* Statista: Pharma & Gesundheit. https://de.statista.com/themen/1318/psychische-erkrankungen/

Steinke, M., & Badura, B. (2011). *Präsentismus: Ein Review zum Stand der Forschung.* Bundesanstalt für Arbeitsschutz und Arbeitsmedizin. https://www.baua.de/DE/Angebote/Publikationen/ Berichte/Gd60.pdf?__blob=publicationFile

Struhs-Wehr, K. (2017). *Betriebliches Gesundheitsmanagement und Führung.* Springer.

Tuomivaara, S., Lindholm, H. & Känsälä, M. (2017) Short-Term Physiological Strain and Recovery among Employees Working with Agile and Lean Methods in Software and Embedded ICT Systems. International Journal of Human–Computer Interaction 33(11) 857–867, doi: https://doi.org/ 10.1080/10447318.2017.1294336.

Wittchen, H.-U., & Jacobi, F. (2001). Die Versorgungssituation psychischer Störungen in Deutschland. *Springer, 44*(10), 993–1000.

Die optimale externe Mitarbeiterberatung finden

4.1 Passung zum Unternehmen

Zu Beginn dieses Buches ging es bereits um die Passung von Angeboten der Betrieblichen Gesundheitsförderung (BGf) zum Kundenunternehmen. Die Ausführungen dazu wollen wir in diesem Kapitel noch einmal vertiefen und auf die externe Mitarbeiterberatung im Speziellen anwenden. So wie zwei Reagenzien passende Bindungsstellen haben müssen, um zu einem Molekül zu werden, so müssen auch das Kundenunternehmen und die externe Mitarbeiterberatung zusammen passen (Abb. 4.1). Ohne Passung zum Unternehmen wird das Angebot einer externen Mitarbeiterberatung nicht genutzt werden und keine langfristige Zusammenarbeit möglich sein. Und wenn dennoch eine langfristige Zusammenarbeit besteht, dann ist das einem unaufmerksamen Controlling zu verdanken, das noch nicht realisiert hat, dass es ein (Finanz-)Leck in ihrem Unternehmen gibt, aus dem Geld abfließt. Ein solches Leck wird aber spätestens gefunden, wenn das Schiff droht unterzugehen, also wenn das Unternehmen in wirtschaftliche Schwierigkeiten gerät und man sich kein Leck mehr erlauben kann. Angebote wie eine externe Mitarbeiterberatung haben in solchen Fällen nur eine reale Überlebenschance, wenn sie, wie eingangs beschrieben, zum Erfolg eines Unternehmens beitragen. Damit die externe Mitarbeiterberatung fest mit Ihrem Unternehmen verwoben werden kann, muss sie an drei Stellen andocken können oder, um im Bild der chemischen Reagenzien zu bleiben, drei Bindungsstellen haben, die sich mit Ihrer komplexen Organisation verbinden können. Nicht jeder Anbieter wird über diese Bindungsstellen verfügen und entsprechend aufmerksam sollten Sie bei der Auswahl eines Anbieters auf die Passung zu Ihrem Unternehmen achten.

Unternehmen, die es bereits mit einer externen Mitarbeiterberatung versucht haben (und unzufrieden waren), haben bereits genauere Vorstellungen, was sie wünschen und

© Der/die Autor(en), exklusiv lizenziert durch Springer Fachmedien Wiesbaden GmbH, ein Teil von Springer Nature 2022
R. Zieringer und P. Wehr, *Externe Mitarbeiterberatung*,
https://doi.org/10.1007/978-3-658-35523-4_4

Abb. 4.1 Bindungsstellung
zwischen Mitarbeiterberatung
und Unternehmen

was nicht, als Unternehmen, die sich zum ersten Mal für eine externe Mitarbeiterberatung entscheiden. Diese Wünsche haben fast immer etwas mit den drei Bindungsstellen
zwischen Mitarbeiterberatung und Kundenunternehmen zu tun.

4.1.1 Bindungsstelle 1: Passung zu der Wertschöpfung des Unternehmens

Die Wertschöpfung Ihres Unternehmens hängt ganz wesentlich von der Arbeitskraft ihrer
Mitarbeiter ab. Nun wird jeder Anbieter behaupten, dass er diese erhält oder sogar stärkt.
Das ist aber viel zu allgemein. Ein Anbieter muss nicht nur behaupten können, dass er
das tut, sondern detailliert wissen, welche Fähigkeiten für Ihr Unternehmen von besonde-
rer Bedeutung sind und wie der Anbieter mit seiner Beratung gedenkt diese auszubauen.
Anbieter werden sich häufig damit schmücken, dass sie bereits ein oder mehrere Unter-
nehmen in Ihrer Branche betreuen, das macht sie aber noch lange nicht zu Experten für
Ihr Unternehmen. Platt gesagt: Nur weil man schon Mitarbeiter aus Ihrer Branche zu persönlichen Problemen beraten hat, versteht man noch lange nichts vom Geschäftsmodell
Ihres Unternehmens. Ein geeigneter Anbieter muss also demonstrieren können, dass er
Ihr Geschäft verstanden hat und mit seiner Mitarbeiterberatung dazu beiträgt. Das prüfen
Sie am besten mit einigen offenen Fragen im Gespräch mit dem Anbieter. Fragen, die Sie
einem potenziellen Anbieter in diesem Punkt stellen können, sind:

„Vor welchen Herausforderungen steht unsere Branche Ihrer Meinung nach?"
„Welche Geschäftsbereiche denken Sie, sind besonders wichtig für unser Unternehmen?"
„In welchem Bereich denken Sie, dass die Belastungen für die Mitarbeiter besonders
hoch sind?"

„Welche Fähigkeiten unserer Mitarbeiter im Bereich xy (z. B. Forschung & Entwicklung, kurz F&E) sind Ihrer Einschätzung nach besonders wichtig für den Erfolg unseres Unternehmens?"

„Welche besonderen Eigenschaften bringen Sie als Anbieter mit, dass Sie besonders gut zu unserem Unternehmen passen?" (geben Sie sich nicht mit „Wir betreuen schon x andere Unternehmen aus Ihrer Branche" zufrieden!)

„Wie wollen Sie mit Ihrem Angebot ganz konkret zum Erfolg unseres Unternehmens beitragen?"

Natürlich kann ein Anbieter nicht alle Details über ihr Unternehmen kennen, aber in Ihrer Branche sollte er sich schon auskennen. Und wenn er wirklich gut ist, dann stellt der Anbieter diese Fragen an Sie, bevor Sie überhaupt dazu kommen, um Ihnen ein genau passendes Angebot zu präsentieren. Ein guter Anbieter für externe Mitarbeiterberatung muss also mehr können, als einfach nur gut Mitarbeiter zu beraten. Er muss spezielles Wissen um Ihre Branche und Ihr Unternehmen haben, um dann entsprechende Lösungen anbieten zu können. Das ist weit mehr also einfach nur Beratung zum Thema Stress, weil sicherlich alle Mitarbeiter viel zu tun haben. Arbeiten Ihre Mitarbeiter beispielsweise in Schicht im Produktionsbetrieb ist Müdigkeit aufgrund der Schichtarbeit eine Gefahrenquelle für Ihr Unternehmen. Schichtarbeit geht mit einer schlechteren Schlafqualität einher (Akerstedt, 2003) und übermüdete Mitarbeiter haben ein doppelt so hohes Risiko in einen Arbeitsunfall verwickelt zu sein (Alali et al., 2018; Swaen, 2003). Arbeitsunfälle haben neben den unschönen Auswirkungen für den betroffenen Mitarbeiter auch einen großen negativen Einfluss auf Ihr Unternehmen. Möglicherweise muss eine spezielle Untersuchung zur Aufklärung des Unfallhergangs angeordnet, Abschnitte der Fertigung unterbrochen oder sogar die ganze Produktion angehalten werden. Ein zu Ihrem Unternehmen passender Anbieter hat Experten zum Thema Schlaf und Schlafstörungen in petto. Vielleicht hat er sogar einen Psychologen oder Arzt mit der Weiterbildung in „Somnologie", dem Fachbereich der Psychologie und Medizin, der sich mit Schlaf und Schlafstörungen beschäftigt, bei sich im Team.

Natürlich müssen erst einmal Sie selbst Ihre Meinung zu den oben genannten Fragen haben. Die meisten Fragen werden Sie wahrscheinlich sehr schnell für sich beantworten können, andere können schwieriger zu beantworten sein, als sie zunächst scheinen. Bei der Frage nach den Belastungen kann es beispielsweise sehr schwer sein, eine fundierte Antwort zu geben, wenn Sie noch keine Gefährdungsbeurteilung psychischer Belastungen, wie nach Arbeitsschutzgesetz §5 (Arbeitsschutzgesetz – ArbSchG, 1996) vorgeschrieben, durchgeführt haben (dazu mehr in Kap. 7). Hier kann es sinnvoll sein, erst die Gefährdungsbeurteilung durchzuführen, die Sie ohnehin machen müssen und dann basierend auf dem dort festgestellten Profil aus Belastungen und Ressourcen die Mitarbeiterberatung zusammenzustellen. Wenn Sie sich bei anderen Fragen nicht sicher sind, dann beziehen Sie Ihre Kollegen aus den entsprechenden Abteilungen mit ein. Fragen Sie den

oder die Leiterin der F&E Abteilung, welche Fähigkeiten seiner Meinung nach besonders wichtig für die Arbeit in dem Bereich sind. Wenn Sie schon im Auswahlprozess die
Endkunden, also Ihre Mitarbeiter, auf diese Art und Weise mit einbeziehen, kann die Mitarbeiterberatung am Ende nur davon profitieren. Je mehr die Bereiche und die Mitarbeiter
Ihres Unternehmens das Gefühl haben, dass die Beratung genau auf Ihre Bedürfnisse
zugeschnitten ist, desto mehr werden sie die Beratung später nutzen.

4.1.2 Bindungsstelle 2: Passung zu den Bedürfnissen der Mitarbeiter

Was brauchen Ihre Mitarbeiter? Diese Frage müssen Sie sich beantworten, bevor Sie auf
die Suche nach einem Anbieter für Mitarbeiterberatung gehen. Je größer Ihr Unternehmen,
desto schwieriger wird die Frage zu beantworten sein. Sehr wahrscheinlich lässt sie sich
überhaupt nicht pauschal für alle Unternehmen jenseits der 100 Mitarbeiter, sondern nur
pro Abteilung beantworten. Wenn Sie eine Gefährdungsbeurteilung psychischer Belastung durchgeführt haben (siehe Kap. 7), können Sie dieser nach Abteilung oder Tätigkeit
aufgegliedert die Belastungsfaktoren entnehmen. Sollten Sie das noch nicht getan haben,
sollten Sie es erstens so schnell wie möglich tun, weil es gesetzlich verpflichtend ist und
zukünftig zunehmend kontrolliert werden wird (Entwurf eines Gesetzes zur Verbesserung des Vollzugs im Arbeitsschutz (Arbeitsschutzkontrollgesetz, 2020). Sie sollten aber
genauso mit den Bereichs – und Abteilungsleitern sprechen. Folgende Fragen können
Ihnen helfen die Wissensbasis Ihrer Führungskräfte anzuzapfen:

- „Welche persönlichen Probleme Ihrer Mitarbeiter wirken sich am meisten auf die
  Arbeit Ihres Bereiches aus?"
- „Gibt es Situationen, in denen Sie das Gefühl haben, plötzlich Therapeut sein zu
  müssen anstatt Führungskraft? Worum geht es bei diesen Gesprächen?"
- „Wenn die Zauberfee zu Ihnen käme und Ihnen jede Woche 10 h zusätzlich schenkt,
  um Gespräche mit Ihren Mitarbeitern zu führen, worüber würden Sie reden?"
- „Gibt es Themen, bei denen Ihnen auf Anhieb mehrere Mitarbeiter einfallen, die damit
  ein Problem haben (z. B. Alkohol, Überlastung, Schulden)?"
- „Von wem nehmen Ihre Mitarbeiter gerne Hilfe an? Warum von dieser Person?"

Neben Ihren Führungskräften verfügt auch Ihre Personalvertretung über wertvolle Kennt-
nisse Ihrer Mitarbeiter. Diese muss und soll, wenn vorhanden, ohnehin bei der Einführung
einer externen Mitarbeiterberatung miteinbezogen werden (siehe Kap. 5 und 7) und am
besten tun Sie das ganz von Anfang an. Das können Sie zum Beispiel mit den folgenden
Fragen tun:

- „Mit welchen Problemen und Anliegen kommen die Mitarbeiter zu Ihnen?"

- „Gibt es Unterschiede zwischen den Abteilungen hinsichtlich der Anliegen, mit denen die Mitarbeiter zu Ihnen kommen?"
- „Bei welchen Anliegen könnten Sie, als Mitarbeitervertretung, fachliche Unterstützung gebrauchen?"
- „Wo würden Sie Mitarbeitern gerne helfen, können es aber nicht?"
- „Wenn es in ihren Gesprächen mit den Mitarbeitern nicht um Dinge geht, die die Arbeitsverhältnisse betreffen, worum geht es dann stattdessen?"

Eine weitere Quelle, um etwas über die Bedürfnisse und Wünsche ihrer Belegschaft zu lernen, sind die Ergebnisse von Mitarbeiterbefragungen. Viele Unternehmen führen diese regelmäßig durch. Für die Einführung der externen Mitarbeiterberatung müssen Sie nicht extra eine neue Mitarbeiterbefragung durchführen. Halten Sie lieber zielgenau nach Wünschen und Bedürfnissen Ihrer Belegschaft Ausschau. Beklagen die Mitarbeiter, dass es schwer ist Familie und Arbeit unter einen Hut zu bekommen? Das ist Hinweis, dass Ihre zukünftige Mitarbeiterberatung Beratung zum Thema Kinderbetreuung oder Pflege im Portfolio haben sollte.

Auch Ihre eigenen Erfahrungen im Umgang mit den Mitarbeitern sollten Sie nutzen. Wenn Sie dieses Buch lesen, sind Sie wahrscheinlich im Personalbereich, im Betrieblichen Gesundheitsmanagement, der Arbeitssicherheit, Arbeitsmedizin oder der Geschäftsführung tätig. Alle diese Bereiche haben eins gemeinsam: Der Umgang mit den Mitarbeitenden ist ein Hauptbestandteil Ihrer Arbeit. Sie wissen also schon einiges über Ihre Mitarbeiter. Deshalb hier einige Fragen an Sie:

- Welche Sorgen treiben Ihre Mitarbeiter um?
- Worum ging es in den letzten drei Mitarbeitergesprächen, die Sie geführt haben?
- In welchen Situationen hatten Sie in letzter Zeit das Gefühl, Ihre professionelle Rolle zu überschreiten? Wann ging es eigentlich um die privaten Probleme eines Mitarbeitenden? Um welche Probleme ging es da?
- Welche persönlichen oder privaten Umstände führen dazu, dass Mitarbeiter ausfallen?

Je mehr dieser Fragen Sie stellen – sich selbst und anderen – desto klarer wird das Bild werden, was Ihre Mitarbeiter wirklich in Sachen Mitarbeiterberatung brauchen und damit legen Sie den Grundstein für eine gute Nutzung des Angebotes.

Wie bereits angesprochen können diese Bedürfnisse innerhalb eines Unternehmens, insbesondere eines großen Unternehmens, stark variieren. Mitarbeiter des Automobilherstellers Tesla haben das Werk, in dem sie tätig sind, schon mit einer Kleinstadt mit verschiedenen Stadtteilen verglichen (Hepler, 2018) – nicht nur wegen der Größe. In den verschiedenen „Stadtteilen" wohnen unterschiedliche Menschen mit unterschiedlichen Bedürfnissen. Wenn Sie für ein Großunternehmen arbeiten, kann es also durchaus Sinn machen anstatt einer „One-Size-Fits-All" Lösung für jeden Unternehmensbereich einen

genau passenden Berater auszuwählen, der dann ganz gezielt die Bedürfnisse der Mitarbeiter bedienen kann. Das mag sich zunächst nach einem großen Aufwand anhören, ist in
der Praxis aber gar nicht so kompliziert wie es klingen mag. Vor allem sparen Sie durch
die genaue Passung und die dadurch entstehende Mund zu Mund Propaganda viel Arbeit,
die sie ansonsten später in die Kommunikation Ihres Angebotes stecken müssten.

4.1.3 Bindungsstelle 3: Passung zu der Kultur des Unternehmens und den Mitarbeitern

Ihre Mitarbeiter werden es Ihnen danken, wenn Sie eine Mitarbeiterberatung installieren,
die ihren Bedürfnissen entspricht. Allerdings muss diese Mitarbeiterberatung auch ihre
„Sprache" sprechen. Es bringt Ihnen also nichts, wenn Sie den perfekten Anbieter für Ihre
Mitarbeiter gefunden haben, der alle Themen bedienen kann, die für Ihr Unternehmen und
Ihre Mitarbeiter wichtig sind, Berater und Mitarbeiter aber nicht auf einer Wellenlänge
liegen. Das ist hier mit kultureller Passung gemeint. Es gibt unzählige Arten die Kultur
eines Unternehmens zu beschreiben (siehe zum Beispiel Allaire & Firsirotu, 1984), wir
wollen uns hier aber auf eine sehr einfache Klassifikation beschränken, die zwischen
unternehmerisch und formal unterscheidet (Bradley et al., 2006).

Unternehmerisch meint eine Kultur, die von Spontanität, Flexibilität und Individua-
lität geprägt ist. Man könnte es auch zupackend nennen. Formal meint eine Kultur, in
der ein hoher Fokus auf Kontrolle, Stabilität, Ordnung und Abläufe gelegt wird. Personen in dieser Kultur agieren deutlich zurückhaltender. Dabei ist nicht eine der Kulturen
besser als die andere. Es kann durchaus gute Gründe geben, warum ein Unternehmen
eine formale Kultur hat. Wenn in einer Bank täglich Milliarden von Euro hin und her
bewegt werden, macht es Sinn, wenn ein hoher Fokus auf Kontrolle und Ordnung liegt.
Die Unterscheidung ist also nicht wertend gemeint, sondern beschreibt einfach verschiedene Arten von Unternehmen, die genau so sein dürfen, wie sie sind. Wichtig ist eben
nur, dass der Berater auch zu dieser Kultur passt.

Ein Beispiel: Ein Mitarbeiter kommt in die Beratung aufgrund eines Schuldenpro-
blems. Der Berater weiß, dass er keine Schuldnerberatung machen darf, da diese den
offiziellen Schuldnerberatungsstellen obliegt. Wenn er sich formal verhält, klärt er den
Mitarbeiter darüber auf, verweist auf die entsprechenden Stellen und auf seine Grenzen
und erklärt in welchem begrenzten Rahmen er dem Mitarbeiter helfen kann, dass aber die
hauptsächliche Arbeit bei der Schuldnerberatungsstelle stattfindet. Bei einem Mitarbeiter
aus einem Unternehmen mit einer formalen Kultur kann dieses Vorgehen sehr profes-
sionell wirken. Der Berater weiß wo seine Grenzen liegen und überschreitet diese nicht
und verweist stattdessen an die Experten. In einem Unternehmen mit einer zupackenden
Kultur, hat der Mitarbeiter den Eindruck, dass der Berater unflexibel ist und nicht alles
in seiner Macht stehende tut, um ihm zu helfen. Dieser Mitarbeiter würde erwarten, dass
der Berater erst einmal alles tut, was er kann und ihn dann zur Schuldnerberatungsstelle

begleitet, um ihn bei den Gesprächen zu unterstützten. Ein Mitarbeiter aus einem formalen Unternehmen würde sich bei diesem Vorgehen möglicherweise denken, dass der
Berater seine Kompetenz überschreitet.

Wie finden Sie nun heraus, ob der Berater zu Ihrer Kultur passt? Am besten im persönlichen Gespräch. Dann werden Sie sehr schnell ein Gespür dafür bekommen, ob jemand
zu Ihrer Kultur passt.

4.2   Umfang der Serviceleistungen

Wie Sie die Fragen im vorherigen Abschnitt beantworten, bestimmt, wie die optimale
Mitarbeiterberatung für Ihr Unternehmen aussieht, zu welchen Themen sie beraten soll,
auf welchen Kanälen die Beratung erfolgt und wie sie erreichbar ist. Welche Möglichkeiten es für die Gestaltung einer Mitarbeiterberatung gibt, haben wir in diesem Abschnitt
zusammengefasst.

4.2.1 Die Art der Beratung

Die Beratung kann im Unternehmen selbst, in Räumlichkeiten außerhalb des Unternehmens, per Telefon, Videochat, Chat oder E-Mail erfolgen.

Die *telefonische Beratung* ist ein sehr häufiger Bestandteil der externen Mitarbeiterberatung. Ein guter Grund für diese Art der Beratung kann sein, dass Mitarbeiter niedrigere
Hemmungen haben, sich telefonisch für ein erstes Gespräch zu melden, als direkt ein
persönliches Gespräch zu suchen. Wissenschaftlich kann man belegen, dass Anonymität
Personen dabei hilft, sich zu öffnen (Clark-Gordon et al., 2019). Aufgrund der räumli-
chen Ungebundenheit der telefonischen Beratung, ist es häufig möglich direkt bei der
Kontaktaufnahme mit der Beratung zu beginnen oder zumindest eine kurze Wartezeit
zu garantieren. Aus empirischer Sicht steht die telefonische Beratung der Beratung von
Angesicht zu Angesicht (face-to-face) in nichts nach, wie eine randomisierte Studie des
britischen National Health Service ergab (Kilfedder et al., 2010). Zwar gaben in der Studie
die meisten Teilnehmer an, die face-to-face Beratung zu bevorzugen, in der Effektivität
ergab sich jedoch kein Unterschied. Dennoch spielt für die Akzeptanz und Nutzung der
Beratung natürlich die persönliche Präferenz der Mitarbeitenden eine Rolle – und die ist
für die face-to-face Beratung derzeit (noch) am höchsten.

Die *face-to-face Beratung* kann in externen Räumlichkeiten oder beim Unternehmen
direkt stattfinden. Beide Varianten haben ihre Vor- und ihre Nachteile. Während die
Beratung außerhalb eine höhere Anonymität gewährleistet, die Kollegen also nicht mit-
bekommen, wenn die Beratung genutzt wird, ist die Beratung direkt an der Arbeitsstätte
komfortabler und einfacher zu nutzen. Einige Mitarbeitende scheuen es, den Weg auf
sich zu nehmen, wenn die Beratung ausschließlich in möglicherweise weiter entfernten

Räumlichkeiten stattfindet. Außerdem ist das Angebot der Beratung dann schlichtweg weniger präsent, als wenn regelmäßig ein Berater vor Ort ist und Sprechstunden anbietet. Gerade in Bezug auf die Nutzung des Angebots kann die persönliche Präsenz von Beratern wahre Wunder bewirken: In einer bei einem großen Versicherungsunternehmen durchgeführten Studie wurden dazu zwei Fachbereiche miteinander verglichen (Burnus et al., 2012). In einem Fachbereich wurden die Mitarbeiter über die Belegschaftsversammlung, die Führungskräfte und per E-Mail darüber informiert, dass sie eine Mitarbeiterberatung in Anspruch nehmen können. In dem anderen Fachbereich kam zusätzlich ein Berater vor Ort, stellte sich vor und zeigte einige der Methoden, mit denen er in der Beratung arbeitet. Die Inanspruchnahme der Mitarbeiterberatung in dem Fachbereich, in dem sich der ein Berater persönlich vorgestellt hatte, war anschließend mehr als 5 mal so hoch wie in dem anderen Bereich. In dem Fachbereich, in dem sich der Berater persönlich vorstellte, nahmen 27,2 % der Belegschaft die Beratung in Anspruch, während es in dem anderen Fachbereich nur 5,2 % waren. Gerade die regelmäßige Anwesenheit eines Beraters oder einer Beraterin vor Ort kann also zu einer großen Steigerung der Inanspruchnahme des Angebots führen.

Im Bereich der *Online-Beratung* haben sich in den letzten Jahren verschiedenste Konzepte entwickelt (siehe Kap. 11): eine E-Mail-Beratung kann sinnvoll sein, wenn der Mitarbeitende terminlich zu eingespannt ist, um eine längere Zeitspanne für eine Live-Beratung freizuschaufeln. Auch kann das Niederschreiben von belastenden Lebenssituation eine an sich schon stressmindernde Wirkung haben, wie die Forschungsergebnisse zum expressiven Schreiben bestätigen (Pennebaker & Chung, 2011). Genauso gibt es allerdings auch die Beratung per Live-Chat oder Video-Chat. Die Beratung per Videochat kann als eine Zwischenvariante von telefonischer und face-to-face Beratung verstanden werden. Bei guter Internetverbindung und Akzeptanz des Mediums können hier die Vorteile der beiden Varianten kombinierbar sein. Allerdings zeigen unsere eigenen Erfahrungen, dass Personen, die eine Kommunikation per Video-Chat nicht gewohnt sind manchmal Probleme haben, sich nicht davon ablenken zu lassen, immer ihr eigenes Bild in einem kleinen Ausschnitt des Bildschirm sehen zu können, wie es bei den meisten Video-Chat Softwaren üblich ist. Sind Personen diese Art der Kommunikation aber gewohnt, dann lohnt es sich, ein solches Format in Betracht zu ziehen. Der Großteil der Bevölkerung verfügt mittlerweile über ein Smartphone und Internetzugang und erfüllt so mindestens die technischen Voraussetzungen, um eine Beratung per Video-Chat in Anspruch zu nehmen.

Welche Formen der Beratung für Ihr Unternehmen die richtigen sind, hängt davon ab wie Ihre Mitarbeiter gewohnt sind zu kommunizieren. Verbringen die Mitarbeiter oder die Gruppe Mitarbeiter für die Sie die Beratung einführen, viel Zeit am Telefon? Dann werden sie diese Form der Beratung gut nutzen. Sind Ihre Leute es gewohnt, face-to-face miteinander zu sprechen? Dann sollte die Mitarbeiterberatung auch face-to-face zur Verfügung stehen. Läuft bei Ihnen intern viel über Chat und/oder Videotelefonie? Dann kann das die passende Variante sein. In der Regel sollte es mindestens zwei Möglichkeiten geben, die Beratung zu nutzen, damit Mitarbeiter mit unterschiedlichen Präferenzen abgeholt werden. Einfach alles anzubieten bringt aber auch nichts. Wenn bei Ihnen niemand je über Chat kommuniziert, können Sie sich diese Variante sparen.

4.2.2 Erreichbarkeit

Einige Anbieter werben mit einer Erreichbarkeit von 24 h, 7 Tage die Woche, 365 Tage im Jahr, sodass sich die Mitarbeitenden jederzeit an die Beratung wenden können. Wenn die Organisation aber nicht gerade über den ganzen Globus und alle Zeitzonen verstreut ist, ist der Nutzen einer solchen Erreichbarkeit fraglich. Gute und kostenlose Angebote für akute (psychische) Notfälle, wie die Telefonseelsorge gibt es im DACH-Raum nämlich viele und deren Kontaktdaten lassen sich im Notfall schneller im Internet finden als die Nummer der externen Mitarbeiterberatung. Wichtiger als eine ständige Erreichbarkeit ist hingegen Flexibilität bei der Terminvereinbarung für die Beratung an sich, dass also die Beratung nach Vereinbarung auch am Wochenende oder außerhalb der Arbeitszeiten stattfinden kann. Und wenn es einfach nur darum geht jederzeit einen Termin für eine Beratung ausmachen zu können, braucht es dafür kein ständig erreichbares Callcenter. Auch ein Online-Terminvereinbarungstool oder eine Kontaktaufnahme per SMS, Chatnachricht oder E-Mail können diese Aufgabe übernehmen. Entscheidend ist dann eine schnelle Rückmeldung (sehe Ausführungen zur Prozessqualität unten).

Übersicht: Kostenlose Notfall- und Infonummern in Deutschland

Telefonseelsorge (24h/365 Tage erreichbar):	0800 111 0 111
Hilfetelefon Gewalt gegen Frauen (24h/365 Tage erreichbar):	08000 116 016
Kinder- und Jugendtelefon:	0800 111 0 333
Infotelefon Deutsche Depressionshilfe:	0800 3344533

4.2.3 Beratungsinhalte

Zu welchen Themen die Mitarbeiterberatung beraten soll, hängt wieder sehr stark davon ab, wo die Herausforderungen ihres Unternehmens und die Bedürfnisse Ihrer Mitarbeiter liegen, wie wir im vorherigen Abschnitt beschrieben haben. Der Kern der Beratung ist die psychosoziale Unterstützung. Hier kann sowohl zu beruflichen als auch zu privaten Themen beraten werden. Bei Themen mit beruflichem Fokus kann es beispielsweise um die

Führung von Mitarbeitenden oder die Zusammenarbeit im Team gehen. Ebenso kann an den Fähigkeiten für ein effektives Stress- und Zeitmanagement gearbeitet werden. Aber auch konkrete Konflikte auf der Arbeit sowie Gefühle von Überlastung oder auch Mobbing können in diesem Rahmen angesprochen werden. Ebenfalls können private Probleme aller Art Thema der Beratung sein. So kann es um Eheprobleme, persönliche Sinnkrisen oder den Orientierungsverlust beim Übergang in eine neue Lebensphase gehen. Wenn Ihre Mitarbeiter häufiger potenziell traumatischen Situationen ausgesetzt sind, kann im Bereich der psychosozialen Beratung auch eine psychologische Notfallbehandlung sinnvoll sein. Dies kann beispielsweise nach Todesfällen, Arbeitsunfällen, Überfällen, Anschlägen oder ähnlichen Belastungssituationen sinnvoll sein. Hier können gute Berater psychologische erste Hilfe leisten und so die Wahrscheinlichkeit der Entwicklung einer Posttraumatischen Belastungsstörung, die mit erheblichen Ausfallzeiten und Belastungen für den Mitarbeiter verbunden ist, verringert werden.

Auf welchem Bereich innerhalb der psychosozialen Beratung ein Schwerpunkt liegen sollte, sprich in welchem Bereich auch der Berater Spezialist sein sollte, ergibt sich aus den Herausforderungen Ihres Unternehmens (siehe 4.1.1) und den in 4.1.2 geschilderten Gesprächen mit Ihren Führungskräften, der Mitarbeitervertretung und Ihrem Wissen über Ihre Mitarbeiter.

Neben der allgemeinen psychosozialen Beratung kann ein sinnvoller Bestandteil das Thema Kinder und Familie sein, vor allem wenn viele junge Eltern in Ihrem Unternehmen arbeiten. Neben der Beratung zum Thema Erziehung, kann es dabei um ganz praktische Hilfe gehen, zum Beispiel die Suche nach Kinderbetreuungsmöglichkeiten – sei es die Kita, die Nachmittagsbetreuung oder die Tagesmutter.

Gleiches gilt beim Thema Pflege von Angehörigen, das grundsätzlich alle Mitarbeiter betreffen kann, aber insbesondere präsent wird, wenn Ihre Belegschaft einen höheren Altersdurchschnitt hat und die Wahrscheinlichkeit, dass die Eltern pflegebedürftig werden, steigt. Beraten wird hier zur Beantragung von Leistungen, den Verhandlungen mit der Pflegeversicherung oder bei der Organisation von Pflegemaßnahmen. Auch die Suche nach Pflegeplätzen und -möglichkeiten für die betroffene Person kann im Rahmen der Mitarbeiterberatung übernommen werden.

Auch eine Beratung zu Rechtsfragen ist möglich. In der Regel handelt es sich bei der rechtlichen Beratung nur um eine erste rechtliche Abklärung, die selten länger als eine Stunde geht, vergleichbar mit dem Angebot einer telefonischen Beratung bei einer Rechtsschutzversicherung. Dieser Bestandteil kann sinnvoll sein, denn nicht alle Angestellten verfügen über eine Rechtsschutzversicherung und haben dann keinen einfachen Zugang zu rechtlich sicheren Informationen. Zwingend erforderlich ist dieser Baustein sicher nicht.

Eng verknüpft mit der rechtlichen Beratung ist die finanzielle Beratung, vor allem wenn es in Richtung Schuldnerberatung geht. Schuldnerberater erstellen mit dem Klienten einen Plan, wie sie die Schulden wieder in den Griff bekommen können und unterstützen zudem bei den Verhandlungen mit den Gläubigern. Im schlimmsten Fall bereiten sie den Klienten auf eine Privatinsolvenz vor, welche aber natürlich immer das letzte Mittel der Wahl darstellt. Die Möglichkeit zur Schuldnerberatung besteht allerdings auch kostenfrei bei den Trägern der sogenannten Freien Wohlfahrtspflege (Caritas, Diakonie, AWO, ZWST, Deutsches Rotes Kreuz, Der Paritätische Gesamtverband). Eine Mitarbeiterberatung muss also nicht zwingend diesen Bestandteil enthalten. Oft ist es auch ausreichend, wenn im Rahmen der psychosozialen Beratung die Situation geordnet (z. B. Rechnungen sortiert) und dann in eine Schuldnerberatungsstelle begleitet oder überwiesen wird.

Ein weiterer Bereich ist die medizinische Beratung zu Diagnosen, Behandlungsmethoden und Krankenkassenleistungen. Diesen Beratungsbereich halten wir für wenig sinnvoll, da dafür in der Regel die Arbeitsmedizin zuständig ist, mit der die Mitarbeiterberatung stattdessen im engen Austausch stehen sollte (siehe Kap. 8). Auch wenn es keine umfassende arbeitsmedizinische Betreuung für die Mitarbeiter gibt, steht seit 2009 die unabhängige Patientenberatung der Krankenkassen für jedermann zur Verfügung (UPD, 2020). Diese berät zur Prävention, Behandlung und Rehabilitation von Krankheiten und soll es außerdem Patienten erleichtern, sich besser in der Welt der Gesundheitsleistungen zurecht zu finden. Krankenkassen greifen dabei unter anderem auf hochqualifizierte Berater und Beraterinnen wir Juristen, Psychologen und Ärzte zurück. Folglich würde sich dieses Angebot in der Mitarbeiterberatung stark mit der unabhängigen Patientenberatung überschneiden. Ob Sie dieses Beratungsthema also wirklich mitaufnehmen wollen, sollten Sie sich gut überlegen. Die psychosoziale Beratung kann auch zu einem gemeinsamen Anruf bei der unabhängigen Patientenberatung genutzt werden, wenn Mitarbeiter sich zu unsicher fühlen, um selbstständig diesen Dienst zu nutzen.

Beispiele Beratungsthemen

Zusammenarbeit im Team: Ein Mitarbeiter fühlt sich von seinem Team ausgeschlossen und denkt, dass ihn die anderen meiden. Da ihn die Situation belastet, kommt er in die Beratung. Dort realisiert er mithilfe der Beratung, dass er dazu neigt seine Kollegen immer sehr scharf zu kritisieren und stellt fest, dass das die Ursache für deren Ablehnung sein könnte. Mit dem Berater bespricht er, in welchen Situationen er sich so verhält und wie es ihm in Zukunft gelingen könnte auf sein Verhalten zu achten und auch positive Rückmeldungen zu geben.

Schwierigkeiten in der Familie: Der pubertäre Sohn der Mitarbeiterin will mit seiner Mutter nicht mehr sprechen. Das belastet diese sehr, weil sie immer ein Vertrauensverhältnis zu ihrem Sohn hatte. Jetzt erzählt er nichts und sie hat Angst, dass er an die falschen Freunde gerät und anfängt Drogen zu konsumieren. In der Beratung hilft die Beraterin der Mutter ihre Sorgen zu reflektieren. Welche Sorgen sind wirklich berechtigt? Welche entbehren jeder Grundlage? Auch hilft sie der Mutter mit der neuen Lebenssituation umzugehen, in der der Sohn nicht mehr so engen Kontakt mit der Mutter pflegen will wie als er noch ein Kind war.

Unsicherheit im Umgang mit dem Vorgesetzten: Vor Mitarbeitergesprächen fühlt sich eine Mitarbeiterin stets angespannt und unsicher, obwohl sie eigentlich weiß, dass sie eine gute und erfolgreiche Mitarbeiterin ist, zumindest gemessen an ihren Arbeitsergebnissen. Im letzten Mitarbeitergespräch vor einem Jahr hatte ihr Chef seine Zufriedenheit mit ihrer Arbeit zum Ausdruck gebracht und sie sogar gelobt. Jetzt steht wieder eines an. Eigentlich kann sie ganz entspannt in das Gespräch gehen. Doch das ist sie nicht. Schon seit einigen Wochen fühlt sie wieder diese Unsicherheit und Ängstlichkeit, was sie zunehmend belastet. In der Beratung wurden verschiedene Arbeits-Situationen im Kontakt mit ihrem Chef beleuchtet und reflektiert. Dabei konnte sie erkennen, dass sie ihren Vorgesetzten häufig eher distanziert, penibel und streng in seinem Ton wahrnimmt und sich dann selbst unterlegen und klein fühlt. Sie konnte darin ein eigenes Reaktionsmuster erkennen, mit dem sie schon immer Autoritätspersonen begegnete. Das sei schon in der Schule und während des Studiums so gewesen. Sie erinnerte sich im weiteren Gesprächsverlauf, wie sie früher von ihrem Vater zu schulischen Themen abgefragt wurde und wie er dabei immer regelrecht nach Fehlern suchte. Genauso wie damals fühlt sie sich jetzt mit ihrem Chef. Neben dieser für sie hilfreichen Erkenntnis konnte erarbeitet werden, wie sie mithilfe von Techniken aus diesem Muster, sich wie eine 7-jährige zu fühlen, aussteigen kann, um ihrem Chef dann auf der Erwachsenenebene begegnen zu können. Im nächsten Gespräch berichtete sie stolz, wie anders und wie viel entspannter sich das kurz zurückliegende Mitarbeitergespräch anfühlte und wie entlastend das für sie gewesen sei.◄

4.2.4 Umfang der Beratung

Eine Beratung zu einem Thema sollte üblicherweise nicht mehr als 10 Sitzungen lang sein. Welches Stundenlimit das richtige ist, hängt aber von der Zielsetzung ab, die Sie mit der Mitarbeiterberatung verfolgen. Soll die Mitarbeiterberatung nur eine erste Anlaufstelle sein, dann kann das Stundenlimit auch deutlich niedriger liegen. Übersteigt das Anliegen aber 10 h, sollte in jedem Fall in weiterführende Beratung, Therapie, oder an Ärzte zu vermittelt werden. Einige Anbieter für Mitarbeiterberatung geben an, dann auf die Suche nach einem Behandler zu gehen (Zieringer Consulting, 2020). Das ist allerdings wenig sinnvoll, denn mit den Terminservicestellen der Bundeskassenärztlichen Vereinigung gibt es bereits ein Angebot, um schnell einen Termin beim Facharzt/Psychotherapeuten zu bekommen. Wie in Kap. 3 „Lange Wartezeiten auf psychologische Behandlung" beschrieben, funktioniert dieses Angebot durchaus gut. Zwar ist eine durchgehende Betreuung von der Beratung bis zur Vermittlung in die Therapie komfortabel für Mitarbeiter, für diesen Zweck kann aber auch schon im Verlauf der Beratung ein gemeinsamer Anruf bei der Terminservicestelle erfolgen, sodass ein reibungsloser Übergang von der Beratung in weitergehende Behandlung stattfindet.

4.2.5 Geografische Abdeckung

Ist Ihr Unternehmen über mehrere Standorte, womöglich sogar über verschiedene Ländern verteilt, spielt das für die Aufstellung der Mitarbeiterberatung natürlich eine wichtige Rolle. Mittlerweile gibt es weltweit agierende Anbieter für die externe Mitarbeiterberatung, meist aus den USA agierend, die die gleiche Beratung für Mitarbeiter in allen Ländern anbieten. Dieses Konzept krankt leider daran, dass sich die Anbieter nicht gut mit den Gegebenheiten in den Ländern auskennen. Sie wissen zum Beispiel nicht, welche öffentlich zugänglichen Beratungsmöglichkeiten es gibt, welche Möglichkeiten das Gesundheitssystem bietet und welche kulturellen Besonderheiten es gibt. Neben den landesspezifischen Eigenheiten gibt es häufig große Unterschiede zwischen den Standorten, sogar im selben Land. Deshalb macht es Sinn, die Mitarbeiterberatung mindestens für jedes Land oder sogar für jeden Standort speziell anzupassen. Im Endeffekt handelt es sich quasi um mehrere kleine Mitarbeiterberatungen, die zwar vom gleichen Anbieter stammen können und nach den gleichen Qualitätsstandards arbeiten, aber in ihrer Ausrichtung speziell auf ihren jeweiligen Standort/das jeweilige Land zugeschnitten sind. So bleiben die Standorte hinsichtlich der Inanspruchnahme der Mitarbeiterberatung vergleichbar und die Beratung erfolgt auf durchgehend hohem Niveau und trotzdem wird nicht jedem Standort die gleiche Lösung – passend oder nicht – übergestülpt.

4.2.6 Abschluss

Wie Ihre Mitarbeiterberatung am Ende genau aussehen soll, hängt stark von der Zielsetzung ab, die sie mit der Mitarbeiterberatung verfolgen (siehe dazu die Einleitung dieses Buches). Was für Ihr Unternehmen sinnvoll ist, kann immer nur im Einzelfall entschieden werden. Ein buntes Komplettpaket mit allen möglichen Leistungen ist für Ihr Unternehmen in aller Regel genauso unpassend wie für sie persönlich der Handyvertrag mit mehreren Nummern, weltweitem, unbegrenzten Datenvolumen und diversen Versicherungsleistungen dazu. Nur wenn Ihre Mitarbeiterberatung fest im Unternehmen verankert und mit den wichtigen Stellen verzahnt ist, hat sie auch die Chance in der Breite genutzt zu werden.

Neben der Passung zu ihrer Organisation spielt natürlich die Qualität der angebotenen Dienstleistungen der Mitarbeiterberatung eine entscheidende Rolle. Auf diesen Aspekt gehen wir daher im nächsten Abschnitt ausführlich ein.

4.3   Güte der Beratungsleistungen

Wenn Sie selbst schon einmal einen Coach oder Therapeuten ohne die Empfehlung einer
Fachperson oder eines Bekannten und ohne, dass Sie sich selbst besonders gut auskennen, gesucht haben, kennen Sie das Problem: Sie fliegen auf Sicht. Sie sehen zwar schön
gestaltete Webseiten mit sympathischen Fotos und telefonieren mit hoffentlich sympathisch klingenden Personen, aber Sie haben keinen Schimmer, ob die Person wirklich
fähig sein wird, Ihnen mit Ihrem Problem zu helfen. Ob die Person Sie in die Lage versetzen kann, Ihr Problem in zwei Monaten auf ganz andere Weise zu sehen und dem
Problem auf ganz andere Art zu begegnen, können Sie erst in zwei Monaten wissen.
Aber um das herauszufinden müssen Sie erst einmal einiges an Geld in die Hand nehmen (oder im Falle einer Therapie tut das Ihre Krankenkasse und Sie müssen immerhin
Ihre Zeit und Energie investieren). Außerdem erlauben Sie hier einer Person Einfluss zu
nehmen, entweder auf Ihr eigenes Leben oder das Leben Ihrer Mitarbeiter. Da wollen
Sie schon im Vorfeld gut wissen, auf wen Sie sich einlassen. In der Regel werden Sie
dafür ein Gespräch mit dem Anbieter führen müssen. Nur wenige der dafür erforderlichen Informationen werden Sie einfach der Webseite des Anbieters entnehmen können.
Eine Information, die Sie aber dort in der Regel tatsächlich finden, ist die Qualifikation.

4.3.1 Qualifikation

Die Qualifikation des beratenden Personals ist die einfachste Möglichkeit einen Rückschluss auf die Qualität der Beratung ziehen zu können. Welche Qualifikation als gut
einzustufen ist, hängt von dem Bereich ab, in dem der Berater tätig ist. Eine Übersicht
dazu finden Sie in der nachfolgenden Tab. 4.1. Unabhängig von der formalen Qualifikation spielt natürlich auch die Berufserfahrung eine Rolle, wobei auch viele Jahre
Berufserfahrung für sich alleine genommen keine gute Qualifikation ersetzen können.
Das gilt im Bereich der Beratung besonders stark, da Berater nur sehr indirektes Feedback bekommen. Während der über lange Jahre aufgestiegene Geschäftsführer, der früher
eine Ausbildung im gleichen Betrieb gemacht, durch seine Erfahrung sehr wohl mitbekommt was funktioniert, und was nicht, sieht ein Berater seine Klienten nur für einen
begrenzten Zeitraum und kann nur schwer einschätzen, ob seine Beratung erfolgreich
war. Entsprechend schwer ist es daraus zu lernen, weil der Berater ja gar nicht weiß, in
welchen Fällen er erfolgreich war und in welchen weniger. Die im Rahmen eines fachlichen Studiums oder einer hochwertigen Weiterbildung durchgeführte Supervision und
Erfolgsmessung der eigenen Arbeit wirkt diesem „im eigenen Saft kochen" vor. Natürlich kann auch ein Berater mit einem durchschnittlichen Qualifikationsniveau aufgrund
anderer Fähigkeiten und hohem Engagement ein tolles Beratungsergebnis erzielen. Das
Qualifikationsniveau ist eben nur ein Anhaltspunkt. Welche Qualifikationsniveaus für die

Tab. 4.1 Geeignete Qualifikationen für Beratungsbereiche der Mitarbeiterberatung

Psychosoziale Beratung und Coaching (zum Umfang der Ausbildung siehe zum Beispiel Propach, 2011)	• Psychologischer Psychotherapeut • Facharzt für Psychosomatische Medizin und Psychotherapie • Facharzt für Psychiatrie und Psychotherapie • Psychologen mit beraterischer Weiterbildung • Fachärzte mit Zusatzweiterbildung in Psychotherapie • Pädagogen, Sozialpädagogen und Sozialarbeiter mit beraterischer Ausbildung
Beratung zu Kinder, Familie und Erziehung	• Ausbildung zum Kinder- und Jugendlichentherapeuten • Studium der Sozialpädagogik/Pädagogik/Sozialer Arbeit • Staatlich geprüften Ausbildung zum Erzieher
Beratung zum Thema Altenpflege	• Ausbildung zum Sozialversicherungsfachangestellten (zusätzlich kann eine Weiterbildung zum Fachwirt nützlich sein) • Studium im Bereich Pflege (zum Beispiel Pflegemanagement) • Staatlich geprüfte Ausbildung zum Altenpfleger • Staatlich geprüfte Ausbildung zum Pflegefachmann oder zur Pflegefachfrau (neue Pflegeausbildung ab 2020, siehe Bundesministerium für Gesundheit, 2018)
Medizinische Beratung (Erklärung von Krankheiten, Diagnosen und Behandlungs- und Behandlungsfinanzierungsmöglichkeiten)	• fachärztliche Ausbildung • psychologische Ausbildung • Pflegeausbildung • Ausbildung zum Sozialversicherungsfachangestellten (zusätzlich kann eine Weiterbildung zum Fachwirt nützlich sein)
Rechtsberatung	• Fachanwalt • Rechtsanwalt • Jurist mit 1. Staatsexamen • Wirtschaftsjurist
Schuldnerberatung (Begriff ist weder geschützt noch gibt es eine vorgeschriebene, einheitliche Ausbildung)	• Wirtschaftliche Ausbildung • Juristische Ausbildung • Wirtschaftliches Studium • Juristisches Studium

einzelnen Bereiche der Mitarbeiterberatung als geeignet anzusehen sind, haben wir in Tab. 4.1 für Sie aufgelistet.

4.3.2 Festgelegter Beratungsansatz und Umsetzung

Ganz gleich auf welchen Beratungsansatz in der Beratung zurückgegriffen wird (siehe Kap. 9): Zu Beginn einer Beratung sollte immer eine Zieldefinition erfolgen. Zum Beispiel will sich der Mitarbeiter nach der Beratung wieder häufiger fröhlich fühlen, oder Kritik weniger persönlich nehmen oder sich wieder besser konzentrieren können. So kann auch abgeglichen werden, ob diese Ziele erreicht wurden. Außerdem muss ein Berater seinen Beratungsansatz klar schildern können. Wenn Anbieter für Mitarbeiterberatung Ihnen Ihren Beratungsansatz nicht detailliert schildern können oder immer sich auf den Standpunkt zurückziehen, das das ganz individuell und in jeder Beratung anders ist, ist das eine „Red Flag". Kein Berater der Welt erfindet seine Beratung in jeder Beratungsstunde vollkommen neu, sondern greift immer auf ein mehr oder weniger breites Repertoire an Methoden und Techniken zurück. Wer sich dessen nicht bewusst, ist leider auch kein guter Berater.

Auch der tollste und durchdachteste Beratungsansatz ist allerdings vollkommen nutzlos, wenn er nicht angewandt wird. Es muss also sichergestellt werden, dass der Beratungsansatz, der Ihnen zu Beginn der Zusammenarbeit vorgestellt wurde, auch tatsächlich angewendet wird, zum Beispiel, indem Berater ihre Beratungen protokollieren, mit anderen Beratern durchsprechen und eine Kontrolle erfolgt, dass die Beratungen nach wissenschaftlich anerkannten Verfahren durchgeführt werden.

Um einen Einblick in die Beratungsqualität zu bekommen, könnten sie darum bitten, sich einmal selbst von einem Berater beraten zu lassen. So verschaffen Sie sich zumindest ein erstes Bild. Wenig sinnvoll ist der Ansatz, wie öfter in Ausschreibungen zu beobachten, Beratungsfälle schriftlich vorzugeben und von den mitbietenden Anbietern schriftliche Antworten zu verlangen, wie sie in diesem Fall vorgehen würden. Zum einen sind die so erhaltenen Antworten nicht repräsentativ und wahrscheinlich von nur einem Berater entworfen worden (verfolgen die anderen Berater den gleichen Beratungsansatz?), zum anderen kriegen sie so noch nicht einmal ein Gefühl dafür, ob die Chemie stimmt.

4.3.3 Erfassung der Rückmeldungen der Klienten

Die Ergebnisse der Beratung sollten regelmäßig möglichst standardisiert, zum Beispiel in Form eines Fragebogens erfasst werden. Um ein vollständiges Bild des Beratungsergebnisses zu bekommen, sollte die Abfrage direkt nach Abschluss der Beratung und einige Monate später erfolgen, denn die angestoßenen Veränderungen werden sich erst nach einiger Zeit zeigen (siehe dazu Kap. 6).

4.4   Strukturelle Qualitätskriterien

Während es im vorherigen Abschnitt um die Qualität der Kernleistung, also der Beratung an sich ging, behandeln wir in diesem Abschnitt die strukturelle Qualität von Mitarbeiterberatung. Dabei geht es darum, wie der Prozess, den ein Mitarbeiter der Kundenorganisation durchläuft, wenn er sich beraten lässt, konkret aussieht. Im ersten Moment mag sich das trivial anhören („Termin ausmachen und beraten lassen"), aber der Teufel steckt im Detail und der Beratungsprozess spielt einen wichtigen Teil für die Zufriedenheit der Klienten (Roesler, 2017). Platt gesagt: Die Beratung an sich kann noch so toll sein, wenn der Klient ewig auf eine Rückmeldung zu seiner Anfrage oder auf einen Termin warten muss, wird er trotzdem unzufrieden sein.

Der Beratungsprozess gliedert sich in die folgenden Abschnitte, die wir im Folgenden separat behandeln werden.

1. Kontaktaufnahme
2. Vereinbarung eines Termins
3. Verlauf der Beratung
4. Abschluss der Beratung und/oder Vermittlung in Folgeangebote

4.4.1 Kontaktaufnahme

Den ersten Schritt zu machen und sich Hilfe zu suchen ist nicht einfach. Viele Leute haben noch nie ein professionelles Beratungsangebot, in dem es in erster Linie um ihr eigenes Wohlbefinden geht, in Anspruch genommen und wissen nicht, was auf sie zukommt. Hinzu kommt die zwar weniger werdende, aber immer noch vorhandene Stigmatisierung, sich Hilfe bei einem Psychologen (oder verwandten Berufsgruppen) zum Zwecke der seelischen Gesundheit zu suchen. Die Kontaktaufnahme sollte für die Klienten also so einfach und vertraulich wie möglich gestaltet werden.

Viele Anbieter setzen auf die Möglichkeit per Telefonanruf einen Termin zu vereinbaren. Personen, die schon einmal nach einem Therapieplatz gesucht haben, kennen den Frust, die meiste Zeit sich mit einem Anrufbeantworter, anstatt einem echten Menschen unterhalten zu müssen. Der Anrufbeantworter ist aber nicht kategorisch schlecht, insbesondere wenn schnell nach dem Hinterlassen der Nachricht ein Rückruf erfolgt.

Eine Kontaktaufnahme per E-Mail kann im Zweifelsfalls für den unsicheren Klienten sogar vorteilhafter, weil anonymer sein. Allerdings sind unverschlüsselte E-Mails nicht viel sicherer als Postkarten, das heißt, dass prinzipiell jeder, der die E-Mails abfängt, auch den Inhalt lesen kann (Bundesministerium für Wirtschaft & Energie, 2018). Insofern sollte zumindest bei der Einführung der Mitarbeiterberatung darauf hingewiesen werden, sich bei Kontaktaufnahmen per E-Mail möglichst kurz zu fassen und ohne eine Beschreibung des Anliegens lediglich um einen Termin zu bitten.

Die dritte und beste Möglichkeit ist ein webbasiertes, passwortgeschütztes Portal, in das die Mitarbeiter sich einloggen und aus einer Übersicht einen Termin wählen können. Über diesen verschlüsselten Zugangsweg können sie gleichzeitig noch Informationen zu ihrem Beratungsanliegen weitergeben, ohne zu riskieren, dass diese in die falschen Hände geraten.

4.4.2 Vereinbarung eines Termins

Nach der ersten Kontaktaufnahme ist es vor allem bedeutend, dass der Klient, wenn nicht sofort, schnell Rückmeldung erhält. Lange Wartezeiten sind nicht nur frustrierend, sondern können das Problem sogar noch verschlimmern. Sind etwa psychische Probleme der Grund für das Aufsuchen der Beratung, kann langes Warten auf Behandlung die Symptome und den Verlauf der Beschwerden verschlimmern (BPtK, 2018; Eisen et al., 2010; Laessle, 2009; Steil & Ehlers, 2009). Idealerweise sollte die Rückmeldung innerhalb eines Tages erfolgen und auch die Wartezeit auf einen Termin wenige Tage nicht übersteigen. Wie in Kap. 3 erläutert, lag die Wartezeit für eine Akutbehandlung über die Krankenkasse im Jahr 2017 bei ca. 3 Wochen. Damit die Mitarbeiterberatung über die reguläre Versorgung hinaus also einen Vorteil bietet, sollte die Wartezeit deutlich darunter liegen.

4.4.3 Verlauf der Beratung

Hat die Beratung einmal begonnen, stellt sich die Frage, wie lange sie fortgesetzt wird und wer darüber entscheidet, wie lange die Beratung läuft. Das verfügbare Stundenkontingent sollte weder zu knapp bemessen sein, noch sollte eine Beratung im Rahmen der Mitarbeiterberatung zu weit ausgedehnt werden. Es sollte sich hierbei schließlich um Kurzzeitberatung handeln und eine höhere Anzahl an Stunden bedeutet auch nicht zwangsweise einen besseres Ergebnis, sondern kann im Gegenteil, sogar zu einer weniger zielgerichteten Beratung führen.

Die Abstimmung über die Länge der Beratung sollte sich nach dem Bedarf und den Wünschen des Klienten richten. Gerade in akuten Krisensituationen ist es sinnvoll wöchentliche Termine zu vereinbaren. Bei Anliegen, die in Richtung Persönlichkeitsentwicklung gehen (zum Beispiel eine Beratung zum besseren Umgang mit Belastungssituationen), kann eine größere Zeitspanne zwischen den Beratungsterminen sehr sinnvoll sein, sodass das Besprochene im Alltag umgesetzt werden kann. Über diese Sachverhalte sollten sich die Berater im Klaren sein und den Beratungsablauf entsprechend steuern können.

4.4.4 Abschluss der Beratung und Vermittlung in Folgeangebote

Das Ende der Beratung sollte im gegenseitigen Einvernehmen geschehen. Sowohl der Klient als auch der Berater müssen überzeugt sein, dass die Beratung abgeschlossen ist und die Ziele erreicht wurden. Sollte sich herausgestellt haben, dass eine Therapie oder eine über die Kurzzeitberatung hinausgehende Unterstützung notwendig ist, sollte eine Weitervermittlung erfolgen. Für schwer belastete Klienten kann es eine große Unterstützung sein, wenn der Berater solange an ihrer Seite ist, bis das weiterführende Angebot begonnen hat.

Einen ähnlichen Prozess durchläuft nicht nur der Klient, sondern auch die Kundenorganisation selbst, wenn sie sich zur Zusammenarbeit mit einem Anbieter entscheidet. Wie dieser Prozess aussieht, beschreiben wir im folgenden Kapitel.

Literatur

Akerstedt, T. (2003). Shift work and disturbed sleep/wakefulness. *Occupational Medicine, 53*(2), 89–94. https://doi.org/10.1093/occmed/kqg046

Alali, H., Braeckman, L., Van Hecke, T., & Abdel Wahab, M. (2018). Shift Work and Occupational Accident Absence in Belgium: Findings from the Sixth European Working Condition Survey. *International Journal of Environmental Research and Public Health, 15*(9), 1811. https://doi.org/10.3390/ijerph15091811

Allaire, Y., & Firsirotu, M. E. (1984). Theories of Organizational Culture. *Organization Studies, 5*(3), 193–226. https://doi.org/10.1177/017084068400500301

Arbeitsschutzgesetz—ArbSchG, (1996). https://www.gesetze-im-internet.de/arbschg/BJNR12461 0996.html#BJNR124610996BJNG000200000

BPtK. (2018). *Ein Jahr nach der Reform der Psychotherapie-Richtlinie—Wartezeiten 2018.* Bundespsychotherapeutenkammer (BPtK). https://www.bptk.de/wp-content/uploads/2019/01/201 80411_bptk_studie_wartezeiten_2018.pdf

Bradley, R. V., Pridmore, J. L., & Byrd, T. A. (2006). Information Systems Success in the Context of Different Corporate Cultural Types: An Empirical Investigation. *Journal of Management Information Systems, 23*(2), 267–294. https://doi.org/10.2753/MIS0742-1222230211

Bundesministerium für Gesundheit. (2018). *Pflegeberufegesetz.* https://www.bundesgesundheitsministerium.de/pflegeberufegesetz.html

Bundesministerium für Wirtschaft und Energie. (2018). Zypries: Neuer Kompass zur IT-Verschlüsselung sorgt für mehr Sicherheit für Unternehmen. https://www.bmwi.de/Redaktion/DE/Pressemitteilungen/2018/20180226-zypries-neuer-kompass-zur-it-verschluesselung-sorgt-fuer-mehr-sicherheit.html

Entwurf eines Gesetzes zur Verbesserung des Vollzugs im Arbeitsschutz (Arbeitsschutzkontrollgesetz), (2020). http://dipbt.bundestag.de/dip21/brd/2020/0426-20.pdf

Burnus, M., Benner, V., Kirchner, D., Drabik, A., & Stock, S. T. (2012). Feldvergleich von zwei Zugangskonzepten zur betrieblichen Mitarbeiterberatung mit dem Ziel der Stressintervention im Haus eines Versicherungskonzerns. *Versicherungsmedizin, 64*(1), 17–21.

Clark-Gordon, C. V., Bowman, N. D., Goodboy, A. K., & Wright, A. (2019). Anonymity and Online Self-Disclosure: A Meta-Analysis. *Communication Reports, 32*(2), 98–111. https://doi.org/10.1080/08934215.2019.1607516

Eisen, J. L., Pinto, A., Mancebo, M. C., Dyck, I. R., Orlando, M. E., & Rasmussen, S. A. (2010). A 2-year prospective follow-up study of the course of obsessive-compulsive disorder. *The Journal of Clinical Psychiatry, 71*(8), 1033–1039. https://doi.org/10.4088/JCP.08m04806blu

Hepler, L. (2018). Menial Tasks, Slurs and Swastikas: Many Black Workers at Tesla Say They Faced Racism. *New York Times.* https://www.nytimes.com/2018/11/30/business/tesla-factory-rac ism.html?searchResultPosition=1

Kilfedder, C., Power, K., Karatzias, T., McCafferty, A., Niven, K., Chouliara, Z., Galloway, L., & Sharp, S. (2010). A randomized trial of face-to-face counselling versus telephone counselling versus bibliotherapy for occupational stress. *Psychology and Psychotherapy: Theory, Research and Practice, 83*(3), 223–242. https://doi.org/10.1348/147608309X476348

Laessle, R. G. (2009). Essstörungen. In H. Reinecker (Hrsg.), *Lehrbuch der Klinischen Psychologie und Psychotherapie* (4. Aufl., S. 357–396). Hogrefe.

Pennebaker, J. W., & Chung, C. K. (2011). Expressive writing: Connections to physical and mental health. In H. S. Friedman (Hrsg.), *The Oxford handbook of health psychology* (S. 417–437). Oxford University Press.

Propach, F. (2011, Oktober 13). *So wird man Psychotherapeut—Inhalte und Länge der Psychotherapie-Ausbildungswege.* therapie.de. https://www.therapie.de/psyche/info/psycho therapie-ausbildung/wissenswertes/ausbildungstabelle/#c1499

Roesler, C. (2017.). Hohe Klientenzufriedenheit bei begrenzter Problemreduktion. Familiendynamik 42(03), 220-231, doi: 10.21706/fd-42-3-220.

Steil, R., & Ehlers, A. (2009). Posttraumatische Belastungsstörung. In H. Reinecker (Hrsg.), *Lehrbuch der Klinischen Psychologie und Psychotherapie* (4. Aufl., S. 153–180). Hogrefe.

Swaen, G. M. H. (2003). Fatigue as a risk factor for being injured in an occupational accident: Results from the Maastricht Cohort Study. *Occupational and Environmental Medicine, 60*, 88–92. https://doi.org/10.1136/oem.60.suppl_1.i88

UPD. (2020, August 13). *UPD Patientenberatung Deutschland gGmbH.* https://www.patientenber atung.de/de

Zieringer Consulting. (2020). *Der deutsche EAP Markt.* https://www.zieringerconsulting.com/eap marktstudie

Einführung einer externen Mitarbeiterberatung im Unternehmen

Bevor die Mitarbeiterberatung in Ihrem Unternehmen startet, bedarf es einer Formalisierung der Zusammenarbeit durch eine vertragliche Vereinbarung und die Planung der Einführung der Mitarbeiterberatung. Bei der Einführung werden wir ein besonderes Augenmerk darauf legen, wie Sie Ihre Mitarbeiter und Führungskräfte darüber in Kenntnis setzen, dass es die Mitarbeiterberatung gibt und wie Sie Ihnen den persönlichen Nutzen, den dieses Angebot für sie hat, näher bringen. Die Einführung ist ein entscheidender Punkt für eine Mitarbeiterberatung und kann über Erfolg oder Misserfolg des Angebotes entscheiden. Zwar muss auch nach einer gelungenen Einführung sich die Mitarbeiterberatung in den kommenden Jahren beweisen, aber eine misslungene Einführung ist nicht selten der Anfang vom Ende eines tollen Angebotes. Misslingen kann die Einführung vor allem dann, wenn sich wesentliche Personen oder Personengruppen im Unternehmen, wie zum Beispiel die Mitarbeitervertretung, nicht einbezogen fühlen. Wie in Kap. 4 beschrieben, sollten Sie deshalb die dort genannten Stellen bereits im Auswahlprozess nach ihrer Meinung fragen. Zunächst einmal wenden wir uns aber der Basis der zukünftigen Zusammenarbeit zu – dem Dienstleistungsvertrag.

5.1 Wesentliche Vertragsinhalte

Dieser Abschnitt soll kein juristisches Grundwissen über Werkverträge und deren rechtlich sichere Gestaltung vermitteln. Wir werden uns hier auf die speziellen Themen beschränken, die in einem Vertrag zur Zusammenarbeit mit einem Anbieter für externe Mitarbeiterberatung mindestens enthalten sein sollten. Wie Sie die Punkte konkret ausformulieren ist Ihnen oder besser Ihren Juristen überlassen.

Wesentliche Vertragsbestandteile sind:

© Der/die Autor(en), exklusiv lizenziert durch Springer Fachmedien Wiesbaden GmbH, ein Teil von Springer Nature 2022
R. Zieringer und P. Wehr, *Externe Mitarbeiterberatung*, https://doi.org/10.1007/978-3-658-35523-4_5

- Die **Anzahl der Mitarbeiter,** denen die Mitarbeiterberatung zur Verfügung steht.
- **Eingeschlossene Gesellschaften:** Die Gesellschaften (falls mehrere), deren Mitarbeiter die externe Mitarbeiterberatung nutzen dürfen.
- **Nutzungsberechtigte:** Ob Familienangehörige, der Mitarbeitenden die Beratung ebenfalls nutzen dürfen (und wenn ja, bis zu welchen Verwandtschaftsgrad; eine Legaldefinition für Verwandtschaftsgrade, die so im Vertrag übernommen werden kann, findet sich in §11 Abs. 1 Strafgesetzbuch)
- **Zugangswege:** Der Zugangsweg zur Mitarbeiterberatung und ob die Mitarbeiter sich identifizieren müssen, um Zugang zur Mitarbeiterberatung zu erhalten; die meisten Anbieter verlangen allerdings keine Identifizierung (zu Kontrollmöglichkeiten für Sie als Kundenunternehmen, siehe Kap. 11)
- **Vertragslaufzeit:** Beginn und Länge der Zusammenarbeit: Hier sind mehrere Varianten möglich. Sie könnten zum Beispiel die Länge der Zusammenarbeit offen lassen, sich aber ein Kündigungsrecht mit einer Kündigungsfrist von einem Monat zum Ende des Monats einräumen oder die Laufzeit auf ein Jahr mit automatischer Verlängerung festlegen, wenn nicht binnen eines Monats vor Ende des Jahres die Zusammenarbeit von einer Seite gekündigt wird.
- **Kostenmodell und Abrechnung:** Die Kosten werden üblicherweise nutzungsabhängig oder in Form einer Flatrate festgelegt. Bei der nutzungsabhängigen Form wird ein Preis pro Beratungsstunde und gegebenenfalls eine Grundpauschale vereinbart. Je mehr die Beratung genutzt wird, desto mehr zahlen Sie auch. Die Alternative ist eine Flatrate bei der Sie einen jährlichen Betrag zahlen und Ihre Mitarbeiter die Beratung dann aber so viel nutzen können, wie sie wollen. Wenn die Beratung viel genutzt wurde, erhöht sich die Pauschale im kommenden Jahr, wenn sie wenig genutzt wurde sinkt die Pauschale. Unabhängig davon ist die zahlweise. Sie können die Flatrate entweder am Anfang des Jahres oder auch in gleichen Teilen über 12 Monate verteilt zahlen.
- **Art und Umfang der Serviceleistungen** (siehe Kap. 4) sollten im Vertrag möglichst genau festgehalten werden. Hierzu zählt auf welche Art und Weise sich die Mitarbeiter beraten lassen können (telefonisch, vor Ort im Unternehmen oder beim Anbieter, E-Mail, Video), zu welchen Themen sie sich beraten lassen können und was die Beratung genau beinhaltet, über welche Ausbildungsstandards die Berater verfügen, welchen Beratungsansatz (siehe Kap. 9) die Berater verfolgen, ob und wo der Anbieter über eigene Standorte verfügt, zu welchen Zeiten der Anbieter erreichbar ist und welche zusätzlichen Leistungen vereinbart wurden (zum Beispiel Informationsveranstaltungen zum Angebot oder weitere Seminare). Lassen Sie sich dazu eine ausführliche Leistungsbeschreibung des Anbieters geben, die Sie am besten als Anhang zum Vertrag mitaufnehmen. Fragen Sie bei allen unklar formulierten Punkten oder bei allem, was Ihnen unklar ist nach und bitten Sie gegebenenfalls um eine Präzisierung der Leistungsbeschreibung. Dies ist am Ende die Basis Ihrer Zusammenarbeit.
- **Rückmeldung zur Nutzung:** Der Anbieter sollte Ihnen regelmäßig Rückmeldung dazu geben, wie viele (verschiedene) Personen er beraten hat, zu welchen Themen

beraten wurde und ob sich aus der Beratung Schlussfolgerung für das Unternehmen und die interne Organisation ableiten lassen, ohne die Anonymität der Mitarbeiter zu gefährden. Diese Rückmeldungen sollten Sie mindestens vierteljährlich erhalten.

- **Vertraulichkeit und Bruch der Schweigepflicht:** Dass die Beratung vertraulich erfolgt, also der Fakt, dass sich eine Person hat beraten lassen, sollte auch vertraglich festgelegt werden. Es muss also auf dem Vertrag ersichtlich werden, dass das Unternehmen nicht vom Anbieter erfährt, wer die Beratung genutzt hat (dem Mitarbeitenden selbst steht es natürlich frei darüber zu sprechen oder auch andere Personen aus dem Unternehmen wie Führungskräfte, Personalvertretung oder die Geschäftsführung in die Beratung zu involvieren). Auch sollte hier festgelegt werden, bei welchen Themen der Berater auf die Involvierung der Geschäftsleitung hinwirken sollte oder sogar die Geschäftsleitung miteinbeziehen muss. Das könnte zum Beispiel dann der Fall sein, wenn Drogen oder Alkohol am Arbeitsplatz im Spiel sind und aufgrund der Arbeit (zum Beispiel Arbeit mit schweren Maschinen) von einer Gefährdung für andere Personen auszugehen ist.
- **Weisungsfreiheit:** Die Beratung muss stets weisungsfrei erfolgen und auch das sollte vertraglich festgelegt werden. Der Berater darf also nicht dafür dienen, um die Agenda des Vorgesetzten dem Mitarbeiter einzubläuen, sondern ist in erster Linie dem Mitarbeiter verpflichtet.
- **Ansprechpartner:** Beide Seiten sollten sich verpflichten feste Ansprechpartner zu benennen für die Mitarbeiterberatung. Aufseiten des Anbieters könnte das ein Kundenmanager oder der Berater selbst sein, aufseiten des Kundenunternehmens idealerweise eine Person, die auch schon in den Auswahlprozess involviert war.
- **Hinweis auf den Datenschutz:** Der Vertrag sollte eine Klausel enthalten, dass bei der Verarbeitung personenbezogener Daten, die Regeln der Datenschutzgrundverordnung (DSGVO) eingehalten werden.
- **Berufshaftpflichtversicherung:** Der Anbieter oder die Berater sollten zusichern, dass sie über eine Berufshaftpflichtversicherung verfügen, die ihre beratende Tätigkeit abdeckt.
- **Stundenkontingent pro Anliegen:** Es empfiehlt sich ein Stundenkontingent pro Beratungsanliegen festzulegen, sodass Beratungen sich nicht endlos in die Läge ziehen und zu einer Therapie werden. Das Maximum sehen wir bei 10 h.
- **Scheinselbstständigkeit:** Schließen Sie einen Vertrag mit einer einzelnen Person, die Ihre Mitarbeiter beraten soll, dann sollten Sie im Vertrag auch festlegen, dass es sich um eine selbstständige Tätigkeit handelt und die Person allen Sozialversicherungspflichten selbst nachkommt.

Nachdem Sie den Vertrag festgezurrt haben, können Sie sich an die Vorbereitung für die Einführung Ihrer neuen Mitarbeiterberatung machen.

5.2   Vorbereitung der Einführung der Mitarbeiterberatung

Nachdem Sie nun sich mit Ihrem Anbieter auf die vertraglichen Inhalte geeinigt haben, geht es im nächsten Schritt darum die Mitarbeiterberatung im Unternehmen auszurollen. Klassischerweise werden dafür mehrere Informationskanäle, wie das Intranet, Poster, Flyer, Anzeigen auf Bildschirmen und weiteres genutzt. Viel wichtiger als eine Schwemme von Kommunikationsmaterialien ist aber, dass Sie sich bewusst machen, wie die Mitarbeiter normalerweise über Neuerungen im Unternehmen informiert werden oder sich Informationen beschaffen. Gibt es ein „schwarzes Brett", auf das jeder schaut? Gibt es eine Intranetseite, die häufig von Ihren Mitarbeitern aufgerufen wird? Nutzen Sie die Kanäle, die bisher schon gut funktionieren, anstatt zu versuchen für die Mitarbeiterberatung neue Wege zu gehen. So wie die Mitarbeiterberatung zu Ihrem Unternehmen passen muss, so muss auch die Kommunikationsstrategie zu Ihrem Unternehmen passen. Wenn Sie also, um Ihre Mitarbeiter über etwas zu informieren, noch nie Flyer ausgeteilt haben, warum sollten Sie es dann bei der Mitarbeiterberatung tun? Sicherlich gibt es einen besseren Weg Ihre Mitarbeiter zu informieren, den Sie auch ansonsten gehen. Legen Sie also zu Anfang fest, welche Kommunikationskanäle Sie nutzen wollen.

Forschung für den Bereich Außenwerbung zeigt uns, dass Personen mindestens 3 Mal, möglichst aber 8–10 Mal mit einer Botschaft bzw. einem Angebot konfrontiert werden müssen, bis sie überhaupt in Erwägung ziehen, dieses Angebot anzunehmen (Schmidt & Eisend, 2015). Und nichts anderes machen Sie bei der Einführung einer Mitarbeiterberatung: Werbung für ein neues Angebot. Nun mögen Sie denken: „Jetzt soll ich auch noch Werbung für etwas machen, das den Mitarbeitern ohnehin kostenlos zur Verfügung gestellt wird?!". Ja, genau das sollen Sie. Denn auch die tollsten Angebote nützen nichts, wenn diese niemand kennt. Wenn Sie Ihre Mitarbeiterberatung aber schon im Auswahlprozess gut auf die Bedürfnisse Ihrer Mitarbeiter abgestimmt haben, werden Sie in der Folge deutlich weniger die Werbetrommel rühren müssen. Ein Angebot, in dem viele Mitarbeiter einen persönlichen Nutzen sehen, wird sich wie ein Lauffeuer verbreiten und Sie müssen mit Ihrer „Werbung" nur den ersten Funken liefern.

Noch viel wichtiger für die nachhaltige Nutzung des Angebotes ist aber, dass Sie die Mitarbeiterberatung fest in Ihr Unternehmen integrieren. Das funktioniert nur, wenn die Mitarbeiterberatung auf Dauer nicht wie das fünfte Rad am Wagen betrachtet, sondern fester Bestandteil der Prozesse Ihres Unternehmens wird. Hierzu bieten sich in erster Linie die Personalprozesse an. Beispielsweise sieht bei kontinuierlicher Minderleistung ein Personalprozess so aus, dass der Mitarbeiter zunächst ein oder mehrere Gespräche mit der zuständigen Führungskraft führt. Dann kommt auch die Personalabteilung und die Personalvertretung dazu und eventuell kommt es im Anschluss zu einer Versetzung oder gar Entlassung. Vor dem Hinzuziehen der Personalabteilung und -vertretung könnten Sie den Schritt einfügen, den Mitarbeiter auf das vertrauliche Angebot der Mitarbeiterberatung hinzuweisen, um dort eventuelle persönliche Belastungen zu besprechen und auszuräumen. Manchmal müssen Mitarbeiter erst lernen, Hilfe aufzusuchen und sich zu öffnen.

Bei Problemen professionelle Hilfe zu in Anspruch, fällt besonders Männern schwer (Nam et al., 2010). Die Mitarbeiterberatung ist ein guter „Ort" dafür. Die nachgehenden Gespräche mit Führungskraft, Personalabteilung und -vertretung können um einiges leichter werden, wenn der betroffene Mitarbeiter sich bis dahin so weit öffnen kann, dass er bereit ist über die Ursachen seiner Minderleistung zu sprechen und dann können auch wirkliche Lösungen gefunden werden.

Gehen Sie also Ihre (Personal-)Prozesse durch und überlegen Sie, wo Sie die Mitarbeiterberatung sinnvoll integrieren können. Relevante Prozesse finden Sie in den folgenden Bereichen:

- Personal
- Arbeitssicherheit
- Arbeitsmedizin
- Betriebliches Gesundheitsmanagement

Beispiele für Prozesse in diesen Bereichen können sein:

- Einstellungen von Mitarbeitern (Hinweis auf die Beratung)
- Versetzungen von Mitarbeitern (Beratung zum Umgang mit der Veränderung)
- Beförderung von Mitarbeitern (Beratung zur Gewöhnung an die neue Rolle)
- Sicherheitsunterweisungen (Hinweis auf die Beratung)
- Arbeitsunfälle (psychologische Nachsorge zur Verhinderung von posttraumatischen Belastungsstörungen)
- Suchtverdacht (Pflicht zum Aufsuchen professioneller Hilfe)
- Beschwerden von Mitarbeitern über Führungskräfte (Coaching zur Führungsrolle)

Vor allem die Personalvertretung sollten Sie, wie bei der Auswahl, auch bei der weiteren Integration der Mitarbeiterberatung in Ihr Unternehmen miteinbeziehen. Wenn Betriebsvereinbarungen zu bestimmten Themen, wie zum Beispiel Sucht bestehen, können diese überarbeitet werden, sodass sie auch den Schritt beinhalten, dass der Mitarbeiter auf die Möglichkeit der Beratung hingewiesen wird. Natürlich ist die Personalvertretung in ihrer Arbeit frei. Wenn Sie nicht selbst ein Teil der Personalvertretung sind, dann suchen Sie vor der Einführung der Beratung das Gespräch, um zu besprechen, welche Betriebsvereinbarungen überarbeitet werden können und auch in welchen Fällen die Personalvertretung auf die Mitarbeiterberatung hinweist oder sogar aktiv zur Mitarbeiterberatung begleitet. Das kann der Fall sein, wenn das Anliegen eines Mitarbeiters weniger mit den Umständen/Verhältnissen im Betrieb zu hat, als vielmehr mit persönlichen Umständen. Sicherlich haben viele Mitglieder der Personalvertretung auch hier das Vertrauen der Mitarbeiter, können und sollten aber ihre Rolle als Interessenvertreter der Belegschaft nicht so weit verwässern, dass sie auch Ansprechpartnern in allen persönlichen Dingen werden.

Hier kann es eine Entlastung für die Personalvertretung darstellen, den Mitarbeiter in die Beratung zu begleiten und in gute Hände zu übergeben.

5.3   Information an die Mitarbeiter

Neben der „Werbung", die Sie für die Mitarbeiterberatung einige Wochen vor dem Startschuss anfangen zu betreiben und nach der Einführung weiterlaufen lassen sollten, ist es sinnvoll den Start des Angebotes ganz dezidiert einzuleiten und die Mitarbeiter über den Start des Angebotes zu informieren. Dazu gibt es mehrere Möglichkeiten, zum Beispiel ein Schreiben der Geschäftsführung, eine gesonderte Informationsveranstaltung zur Mitarbeiterberatung, eine Betriebsversammlung oder die Vorstellung des Angebotes über die Führungskräfte in den Team Meetings. Welches Format Sie letztlich wählen ist zweitrangig. Entscheidend ist aber wie Sie die Information kommunizieren. Idealerweise erfolgt die Information gemeinschaftlich durch Geschäftsführung und Personalvertretung, die ja auch die Auswahl des Anbieters gemeinsam getroffen haben.

> **Beispiel: Wie informiere ich unsere Mitarbeiter über die Mitarbeiterberatung?**
>
> Die Autoren Chip und Dan Heath haben in ihrem Buch „Made to Stick" (Heath & Heath, 2007), zusammengefasst, wie Botschaften kommuniziert werden müssen, sodass sie bei den Empfängern, also Ihren Mitarbeitern hängen bleiben. Die Schritte dazu sind ganz einfach, die Umsetzung wird Ihnen aber einiges an Kreativität abverlangen.

1. **Die Aufmerksamkeit gewinnen:** Das gelingt durch unerwartete Informationen, provokante Fragen oder auch durch Humor, also etwas, dass das übliche Muster „Und nun zu den Informationen für alle Mitarbeiter" durchbricht.

   „Kneifen Sie sich bitte einmal alle selbst in den Arm bis es weh tut und halten Sie das für eine Minute. Ok, sie können jetzt damit aufhören. Aber stellen Sie sich einmal vor, der Schmerz wäre tagelang so weiter gegangen. Unser Gehirn nimmt körperlichen und seelischen Schmerz auf dieselbe Art war. Mit seelischem Schmerz können wir aber häufig schlechter umgehen. Deswegen haben wir die Mitarbeiterberatung eingeführt."

2. **Die Aufmerksamkeit halten:** Nachdem Sie die Aufmerksamkeit gewonnen haben, müssen Sie sie noch weiter halten, um ihre Botschaft an die Mitarbeiter zu bringen. Menschen haben eine angeborene Neugier, sie wollen Wissenslücken füllen. Die Aufmerksamkeit halten Sie also, wenn Sie Fragen aufwerfen, die Sie erst später beantworten.

   „Wie viel Prozent der deutschen Bevölkerung leidet jedes Jahr unter einen seelischen Erkrankung und wie viele davon nehmen Hilfe in Anspruch?" (Antwort:

Mehr als 25 % und von diesen 25 % nimmt wiederum nur jeder fünfte professionelle Hilfe in Anspruch, häufig aus Unkenntnis oder Scham, siehe Kap. 3)

3. **Im Gedächtnis bleiben:** Im Gedächtnis blieben Botschaften, die einfach und konkret sind. Mehr Information bedeutet, dass weniger hängen bleibt.

   „Das ist Herr Meyer, unser Berater. Er berät Sie kostenlos und vertraulich. Wir erfahren nicht, was Sie mit ihm besprechen, noch nicht einmal, dass Sie bei ihm waren."

4. **Akzeptanz schaffen:** Sie wollen, dass Ihre Mitarbeiter sehen, dass es sich um ein nützliches und für jeden zugängliches Angebot handelt. Dazu können Sie zum Beispiel erzählen, wie Sie sich selbst schon einmal haben beraten lassen und wie die Beratung Ihnen geholfen hat. Das normalisiert für einige Personen das ungewohnte Setting, einer fremden Person das Herz auszuschütten und mindert mögliches Misstrauen.

5. **Handlungsfähig machen:** Erklären Sie, wie die Beratung funktioniert, am besten anhand der Geschichte eine konkreten Person, von der Kontaktaufnahme bis zum Abschluss der Beratung. So weiß jeder Mitarbeiter wie die Beratung funktioniert und wie er sie nutzen kann.◄

Gehen Sie darauf ein, warum sie sich zu diesem Angebot entschlossen haben. Gehen Sie dabei vor allem auf die Bedürfnisse der Mitarbeiter ein, die schon die Grundlage für die Auswahl des Anbieters waren (siehe Kap. 4). Wenn beispielsweise die Belastung durch die Schichtarbeit ein Grund war, warum Sie die Beratung eingeführt haben, dann erklären Sie doch, warum die Schichtarbeit für die Wettbewerbsfähigkeit des Unternehmens unabdingbar ist, dass Ihnen die dadurch entstehende Belastung durchaus bewusst ist und es Ihnen am Herzen liegt mit diesem Angebot die Belastung soweit Ihnen möglich zu verringern. Und ja, es wird immer kritische Köpfe geben, die sagen, dass sie doch lieber für bessere Arbeitsumstände sorgen sollen, als den Mitarbeitern die Psychologen auf den Hals zu hetzen. Aber das ist erfahrungsgemäß nur ein kleiner Teil. Der Großteil ist dankbar für ein solches Angebot, insbesondere wenn ersichtlich wird, dass der Arbeitgeber speziell auf die Wünsche der Mitarbeiter eingegangen ist. Wissenschaftlich lässt sich belegen, dass allein das Vorhandensein einer Mitarbeiterberatung die Attraktivität des Arbeitsgebers steigern kann (Kumari & Saini, 2018).

Verweisen Sie unbedingt auch auf die Vertraulichkeit des Angebotes, sodass Sie gleich dem Eindruck entgegenwirken, dass es sich hier um ein Instrument handeln könnte, um die Mitarbeiter zu überwachen. Dieser Befürchtung können Sie vollends entgegenwirken, wenn Sie zusammen mit der Personalvertretung auftreten und ersichtlich ist, dass sowohl Personalvertretung als auch Geschäftsführung das Angebot gut heißen. Das sollte regelmäßig der Fall sein, denn die Personalvertretung muss der Einführung eines solchen Angebotes ja zugestimmt haben (siehe Kap. 10).

Sehr positiv wirkt es sich auch auf die Mitarbeiter aus, wenn Sie selbst „zugeben" können, die Beratung schon genutzt oder ausprobiert zu haben und von ihrer positiven Erfahrung berichten. Vor allem wenn Mitglieder der Personalvertretung und der Geschäftsführung offen darüber sprechen, schon die Beratung genutzt zu haben, wird dies eine sehr positive Wirkung auf die Inanspruchnahme des Angebotes haben. Ein Anliegen, um eine Beratung in Anspruch zu nehmen findet sich eigentlich immer. Probieren Sie die Beratung schon vor der Einführung oder während der Auswahl eines Anbieters aus, sodass Sie dann authentisch darüber berichten können, was sie daran so überzeugt hat, dass sie sich für diesen Anbieter entschieden haben (siehe Kap. 4).

Enorm hilfreich für die Inanspruchnahme des Angebotes ist es, wenn die Mitarbeiter die Beratung mit einem Gesicht verknüpfen können. In einer Studie, die in einem Versicherungsunternehmen durchgeführt wurde, suchte ein Berater des Anbieters die Mitarbeiter am Arbeitsplatz auf, führte eine kurze Entspannungsübung mit ihnen durch und bot einen separaten Termin im Umfang von 45–60 min für weitergehende Beratung an. Die Inanspruchnahme der Beratung war danach 5-mal so hoch als wenn die Mitarbeiter ausschließlich über die Betriebsversammlung über das Angebot informiert wurden (Burnus et al., 2012). Es lohnt sich also, wenn die Mitarbeiter einen Berater persönlich kennenlernen und eine kleine Kostprobe seiner Beratungsleistung bekommen. Scheinbar funktioniert das, was Supermärkte mit ihren kleinen Probierportionen schon lange praktizieren, auch bei der Beratung.

5.4   Information an die Führungskräfte

Ihre Führungskräfte haben Sie idealerweise schon bei der Auswahl des Anbieters miteinbezogen. Die Information über die letztendliche Einführung der Beratung sollte dann auch entsprechend die Führungskräfte vor den Mitarbeitern erreichen. Welches Format Sie dafür wählen ist auch wieder zweitrangig, solange es dem natürlichen und erfolgreichen Kommunikationsweg in Ihrem Unternehmen entspricht. Auf Folgendes sollten Sie inhaltlich einen Schwerpunkt bei der Information an die Führungskräfte legen:

Führungskräfte haben, mit höherer Position umso mehr, einen geschärften Blick auf die Gesamtsituation des Unternehmens und die Prioritäten aus Unternehmenssicht. Machen Sie Ihren Führungskräften also klar wie die Mitarbeiterberatung zum Unternehmenserfolg beiträgt (siehe Kap. 4). Die Gedanken haben Sie sich ja schon bei der Auswahl des Angebotes gemacht, jetzt müssen Sie sie auch mit Ihren Führungskräften teilen. Wenn Sie Ihre Führungskräfte überzeugen können, dass die Mitarbeiterberatung zum Erfolg Ihrer Abteilungen und zum Unternehmenserfolg beiträgt, und zwar, weil Sie Gedanken der Abteilungsleiter im Auswahlprozess berücksichtigt haben, kann die Mitarbeiterberatung nur ein Erfolg werden.

Für die Nutzung der Beratung durch die Mitarbeiter ist es essentiell, dass die Mitarbeiter wahrnehmen, dass das Angebot von den Führungskräften akzeptiert und befürwortet wird. Wenn Führungskräfte häufig krank zur Arbeit gehen, dann tun das in der Folge auch die Mitarbeiter dieser Führungskräfte häufiger (Dietz et al., 2020). Denken die Führungskräfte, dass die Mitarbeiterberatung Humbug ist, dann denken das auch die Mitarbeiter dieser Führungskräfte oder trauen sich zumindest weniger die Beratung zu nutzen.

Getreu dem Prinzip WIFM – „What's in it for me?", das in der Werbung ständig erfolgreich angewendet wird (Heath & Heath, 2007), gilt es auch bei der Mitarbeiterberatung ihre Führungskräfte von dem persönlichen Nutzen zu überzeugen, den sie aus diesem Angebot ziehen. Das kann zum Beispiel sein, dass sie in schwierigen Führungssituationen schnell in den Austausch mit einem Berater gehen oder fachlichen Rat erhalten können. Wenn Mitarbeiter durch die Beratung entlastet werden, entlastet das gleichzeitig die vorgesetzte Führungskraft und verbessert die Zusammenarbeit.

Beispiel: Wie informiere ich unsere Führungskräfte über die Mitarbeiterberatung?

Für die Kommunikation an die Führungskräfte gelten die gleichen Grundsätze wie für die Kommunikation an die Mitarbeiter. Durch kleine Anpassungen können Sie es aber schaffen, dass die Führungskräfte den zusätzlichen Nutzen, der für sie in der Beratung liegt, erkennen.

1. **Die Aufmerksamkeit gewinnen:**
   „Denken Sie mal an letzte Mitarbeitergespräch das richtig schief gelaufen ist und letzte Gespräch, dass richtig gut gelaufen ist. Ihnen fallen nur gute Gespräche ein? Dann brauchen **Sie** die Mitarbeiterberatung vielleicht wirklich nicht, Ihre Mitarbeiter aber schon.
2. **Die Aufmerksamkeit halten:**
   „In welchen Situationen fühlen sich Führungskräfte am häufigsten überfordert?" (Antwort: bei unvorhergesehenen Ereignissen, zum Beispiel wenn eine Mitarbeiterin während dem einem Meeting plötzlich in Tränen ausbricht, siehe Kap. 8)
3. **Im Gedächtnis bleiben:** Im Gedächtnis bleiben Botschaften, die einfach und konkret sind. Mehr Information bedeutet, dass weniger hängen bleibt.
   „Herr Meyer hat schon hunderte Führungskräfte aus unserer Branche beraten. Davon können Sie in der Beratung profitieren."
4. **Akzeptanz schaffen:** „Jeff Bezos, Bill Gates, … die erfolgreichsten Führungskräfte und Geschäftsführer lassen sich coachen. Coaching zeigt keine Schwäche, sondern ist ein Weg der Weiterentwicklung."
5. **Handlungsfähig machen:** Erklären Sie, wie die Beratung funktioniert, am besten am Beispiel eines konkreten und realen Beispiels einer Führungskraft, sodass die Führungskräfte verstehen, in welchen Situationen sie sich an die Beratung wenden können.◄

Wenn Sie Ihre Prozesse dementsprechend, wie am Anfang dieses Kapitels beschrieben, überarbeitet haben, werden Sie darüber auch umgehend Ihre Führungskräfte informieren. Erklären Sie, warum Sie sich zu einer Änderung des Prozesses entschieden haben, welches Verbesserungspotenzial die Mitarbeiterberatung in diesem Prozess bietet und wie sie Ihre Führungskräfte entlasten soll. Die Integration in Ihre Prozesse hat den positiven Effekt, dass Führungskräfte dadurch die Legitimation erhalten, den Mitarbeiter „abgeben" zu dürfen, also sich nicht um alles selber kümmern zu müssen. Insbesondere für Führungskräfte die Schwierigkeiten haben sich abzugrenzen, kann das eine echte Erleichterung sein. Natürlich darf das aber nicht dazu führen, dass Führungskräfte einfach pauschal bei allen möglichen Problemen auf die Beratung verweisen und dann keine Interesse mehr an dem Mitarbeiter zeigen. Vielmehr sollten Führungskräfte bei einem passenden Anliegen den Mitarbeiter dazu anhalten zu der Beratung zu gehen und sich danach regelmäßig bei dem Mitarbeiter erkundigen, ob er die Beratung bereits in Anspruch genommen hat und wenn ja, ob sie ihm weitergeholfen hat. Wenn der Mitarbeiter nicht die Beratung in Anspruch genommen hat, dann kann man erfragen, warum nicht. Das hat nichts mit mangelnder Diskretion zu tun, sondern zeigt Interesse am Wohl des Mitarbeiters und kann Personen, die Angst davor haben sich professionelle Hilfe zu suchen, sogar den nötigen Anschub verleihen. Natürlich muss der Mitarbeiter dazu nichts sagen und es geht auch nicht darum jemanden auszuhorchen, aber die Nachfrage kann helfen die Hemmung zu überwinden, professionelle Hilfe anzunehmen.

Wenn Sie Ihre Führungskräfte von der Nützlichkeit des Angebotes überzeugt haben, kann es eine gute Idee sein, diese das Angebot selbst bei ihren Team Treffen präsentieren zu lassen- am besten nachdem sie es selbst schon einmal genutzt haben. Dass die Führungskraft dabei von dem Angebot überzeugt ist und von persönlichen Erfahrungen berichten kann, ist dabei viel wichtiger als dass die Führungskraft alle Fragen zum genauen Ablauf und dem Vorgehen in der Beratung beantworten kann. Emotionen und Überzeugung sind in diesem Fall wichtiger als bloße Eckdaten über die Beratung.

Literatur

Burnus, M., Benner, V., Kirchner, D., Drabik, A., & Stock, S. T. (2012). Feldvergleich von zwei Zugangskonzepten zur betrieblichen Mitarbeiterberatung mit dem Ziel der Stressintervention im Haus eines Versicherungskonzerns. *Versicherungsmedizin, 64*(1), 17–21.

Dietz, C., Zacher, H., Scheel, T., Otto, K., & Rigotti, T. (2020). Leaders as role models: Effects of leader presenteeism on employee presenteeism and sick leave. *Work & Stress, 34*(3), 300–322. https://doi.org/10.1080/02678373.2020.1728420

Heath, C., & Heath, D. (2007). *Made to stick: Why some ideas survive and others die.* Random House.

Kumari, S., & Saini, G. K. (2018). Do instrumental and symbolic factors interact in influencing employer attractiveness and job pursuit intention? *Career Development International, 23*(4), 444–462. https://doi.org/10.1108/CDI-03-2018-0069

Nam, S. K., Chu, H. J., Lee, M. K., Lee, J. H., Kim, N., & Lee, S. M. (2010). A meta-analysis of gender differences in attitudes toward seeking professional psychological help. *Journal of American College Health, 59*(2), 110–116. https://doi.org/10.1080/07448481.2010.483714

Schmidt, S., & Eisend, M. (2015). Advertising Repetition: A Meta-Analysis on Effective Frequency in Advertising. *Journal of Advertising, 44*(4), 415–428. https://doi.org/10.1080/00913367.2015. 1018460

Qualitätskontrolle und Auditierung des Anbieters

6

6.1 Regelmäßige Erfolgskontrolle

Ein Kapitel über Erfolgskontrolle beim Thema Mitarbeiterberatung? Ja, ganz genau. Wir halten es für selbstverständlich, dass auch die Mitarbeiterberatung regelmäßig einer Erfolgskontrolle unterzogen werden sollte. Wer aber den betrieblichen Alltag kennt, weiß, dass eine systematischen Erfolgskontrolle von Angeboten zur Gesundheitsförderung die Seltenheit ist. In der Personalentwicklung überprüfen beispielsweise nur 26 % der Unternehmen die Zufriedenheit mit den Angeboten und nur 8 %, ob die Lerninhalte in den Berufsalltag transferiert werden konnten. 25 % der Unternehmen führen überhaupt keine Evaluation in der Personalentwicklung durch (Hapkemeyer et al., 2013). In vielen Fällen findet sie nicht statt und wenn, dann nur auf rudimentärem Level, sodass sich daraus kaum praktische Verbesserungsvorschläge ableiten lassen. Die Erfolgskontrolle, im Businesslang das Controlling, ist die notwendige Voraussetzung um die Mitarbeiterberatung vom Status eines netten Zusatzangebotes auf das Level eines essentiellen Bestandteils des Unternehmens zu heben. Alles was im Unternehmenskontext wichtig ist, wird auch gemessen, gezählt, ausgewertet und verbessert. Bestandteile, die sich dieser Logik entziehen, haben in Unternehmen keine lange Lebenserwartung: „Es zählt, was gezählt werden kann". Aber es gibt weitere gute Gründe, warum Sie sich die Mühe machen sollten, Ihre Mitarbeiterberatung einer regelmäßigen Erfolgskontrolle zu unterziehen (Abb. 6.1):

Für die Selbstdarstellung Wenn Sie in Ihrem Unternehmen für den Bereich verantwortlich sind, in den die Mitarbeiterberatung fällt, also in der Regel BGM, HR, HSE oder Arbeitsmedizin, dann wollen Sie zeigen, welchen Beitrag Ihr Bereich für den Unternehmenserfolg leistet. Nicht selten sehen sich diese Bereiche mit dem Bild konfrontiert, dass sie Geld ausgeben, aber kein Geld einbringen. Ein Erfolgscontrolling des Angebotes, mit dem sie

© Der/die Autor(en), exklusiv lizenziert durch Springer Fachmedien Wiesbaden GmbH, ein Teil von Springer Nature 2022
R. Zieringer und P. Wehr, *Externe Mitarbeiterberatung*,
https://doi.org/10.1007/978-3-658-35523-4_6

Abb. 6.1 Gründe für eine
regelmäßige Erfolgskontrolle
der externen
Mitarbeiterberatung

nachweisen können, dass Ihr neues Angebot sogar Kosten einspart und den Gewinn vermehrt, wirkt sich unmittelbar auf das Standing des Bereiches und auch Ihr eigenes Standing
als Verantwortlicher aus. Aber auch wenn Sie die Geschäftsführung des Unternehmens inne
haben und so überzeugt von dem Angebot sind, dass Sie keine Erfolgskennzahlen brauchen,
um es auch in schwierigen Zeiten weiter fortführen zu wollen, trägt ein Erfolgscontrolling zur
Selbstdarstellung des Unternehmens bei. Wie würde es sich auf die Außenwahrnehmung
Ihres Unternehmens auswirken, wenn Sie sagen können: „Mitarbeiter, die professionelle
Unterstützung benötigen, bekommen sie in unserem Unternehmen innerhalb von 1 Tag.
Außerhalb unseres Unternehmens muss man 3 Wochen darauf warten und es muss einem
richtig schlecht gehen, damit man sie bekommt." ?

Für Sie selbst Das mag banal klingen, aber es tut gut Feedback zu dem zu bekommen,
was man selber tut (Sparr & Sonnentag, 2008). Wenn Sie greifbar und messbar machen,
welchen positiven Einfluss Ihre Arbeit hat, dann motiviert das Sie und Ihre Abteilung, macht
sie glücklicher und gesünder. Gerade in einem Bereich, wie der betrieblichen Gesundheit,
der immer wieder auch infrage gestellt wird, sind Ihre Motivation, Ihre Gesundheit und Ihr
Selbstbewusstsein von entscheidender Bedeutung.

Zur Verbesserung der Zusammenarbeit und des Angebotes Jede Art von Beziehung
verkümmert, wenn man sie nicht aktiv pflegt. Was im Privaten gilt, gilt ebenso für die
Beziehungen zu Kunden, Mitarbeitern, Kooperationspartnern und eben auch Dienstleistern.
Die regelmäßige Erfolgskontrolle hilft Ihnen die Zusammenarbeit kontinuierlich zu verbessern und Ihre Anpassungen auf einer soliden Basis aufzubauen. Wird ein bestimmtes
Beratungsthema besonders stark genutzt, könnten Sie beispielsweise mit Ihrem Anbieter
überlegen, ergänzende Beratungsangebote dazu zu schaffen. Das wissen Sie aber nur, wenn
Sie auch die entsprechenden Zahlen erheben. Andersherum helfen die entsprechenden Zahlen bei der Problemlösung. Sollte die Beratung nicht viel in Anspruch genommen werden,
kann das die verschiedensten Gründe haben: Die Mitarbeiter wissen nicht über das Angebot

Bescheid, oder sie haben es einmal genutzt und waren nicht zufrieden oder sie erkennen nicht, wie ihnen die Beratung bei ihren Anliegen weiterhelfen könnte oder sie vertrauen nicht auf die Vertraulichkeit des Angebotes. Wenn sie keine oder nur unwesentliche Aspekte ihres Angebotes überprüfen, werden Sie nicht wissen, woran es letztendlich liegt, dass ihr tolles Angebot keinen Zuspruch erfährt.

Nachdem wir Sie nun hoffentlich überzeugen konnten, dass es wichtig ist eine Erfolgs-kontrolle durchzuführen, stellt sich die Frage nach dem wie. Mögliche Kennzahlen, die Sie erheben können und sollten, stellen wir im nächsten Abschnitt vor. Wichtig ist aber immer: Die Zahlen sollten im Bezug zu den Zielen stehen, mit denen die Beratung eingeführt wurde. Wenn Sie einer Gruppe von besonders belasteten Mitarbeitern durch die Beratung helfen wollen widerstandsfähig zu bleiben, ist es sinnvoll zu erfassen wie belastet sich die Mitar-beiter zu Beginn und Ende der Beratung fühlen. Damit erfassen Sie gleich, ob tatsächlich die hochbelasteten Mitarbeiter die Beratung nutzen und inwiefern die Beratung zur Entlastung der Mitarbeiter beiträgt. Wenn Ihr Ziel damit war, die Innovationskraft einer Abteilung zu stärken, dann können Sie diese für den Abteilungsleitern beurteilen lassen. Unabhängig von dem, was Sie mit dem Angebot erreichen wollen, sollte Ihre Erfolgskontrolle widerspiegeln, ob Sie Ihren Zielen näher kommen.

Am besten führen Sie diese Kontrolle selbst durch und übertragen dem Anbieter nur einen kleinen Teil dessen, sodass die Richtigkeit und Nachprüfbarkeit Ihrer Erfolgskontrolle gegeben ist und nicht einfach in Zweifel gezogen werden kann. Wenn Sie das Ganze auf ein noch festeres Fundament stellen wollen, dann holen Sie sich doch Hilfe beim (Personal-) Controlling und legen mit deren Unterstützung die Methoden und Werte fest, an denen Sie den Erfolg Ihres Angebotes festmachen. Legen Sie sich auf wenige Werte fest und achten Sie darauf, dass es nicht zu aufwendig ist diese zu erheben. Sie wollen regelmäßig diese Werte erfassen und wenn es jedes Mal ein halbes Jahr dauert, bis Sie ihre Werte erfasst haben und ein riesiger Aufwand ist, dann machen Sie das zweimal und danach stellen Sie fest, dass Sie nicht die Kapazität haben, um jedes Jahr erneut den Aufwand zu betreiben. Halten Sie es schlicht und einfach, sodass es keine übermäßige Belastung für Sie darstellt, alle 3 Monate eine knappe Erfolgskontrolle zu machen.

6.2 Kennzahlen und Methoden zur Erfolgskontrolle

Das Wichtigste vorweg: Haben Sie keine Angst vor dem Controlling. Sie werden dafür weder höhere Mathematik benötigen, noch werden Sie wochenlang Umfragen vorbereiten und mit der Mitarbeitervertretung verhandeln müssen. Die meisten Kennzahlen werden Sie relativ einfach erheben können oder erheben lassen können.

Wir orientieren uns bei der Erfolgskontrolle wieder an den drei Ebenen aus Kap. 4, wo es darum ging

1) wie die Mitarbeiterberatung zum Erfolg Ihres Unternehmens beiträgt,
2) wie sie die Bedürfnisse Ihrer Mitarbeiter erfüllt
3) und wie sie zur Kultur Ihres Unternehmens passt.

Mit der Erfolgskontrolle überprüfen wir also wieder, ob die Passung zu Ihrem Unternehmen, von der Sie bei Auswahl des Anbieters überzeugt waren, sich in der realen Zusammenarbeit bestätigt. Auch hier müssen Sie keine Sorge haben, dass sich anhand der Erfolgskontrolle Ihre Entscheidung im Nachhinein als falsch herausstellt und Sie ihren Kopf dafür hinhalten müssen. Die Erfolgskontrolle ist dafür da, um weiter auf die Passung zwischen Unternehmen und Anbieter hinzuarbeiten. Wie in einer Ehe auch, passen zwei Partner nie von Anfang an perfekt zueinander, sondern passen sich im Laufe der Zeit immer mehr aneinander an und stimmen sich aufeinander ab. Nicht anders ist es bei der Zusammenarbeit mit einer Mitarbeiterberatung. Die Fortschritte, die Sie über die Zeit in der Zusammenarbeit machen, werden Sie aber, anders als bei einer Ehe, messen und quantifizieren können. Wir arbeiten uns bei der Erfolgskontrolle von unten nach oben, von den weniger sichtbaren Aspekten der Zusammenarbeit hin zu den offen sichtbaren. Wie bei einem Eisberg, bei dem Sie nur die Spitze sehen, fangen wir mit dem unter der Wasseroberfläche liegenden Teil an, ohne die die Spitze nicht über der Wasseroberfläche liegen könnte (siehe Abb. 6.2).

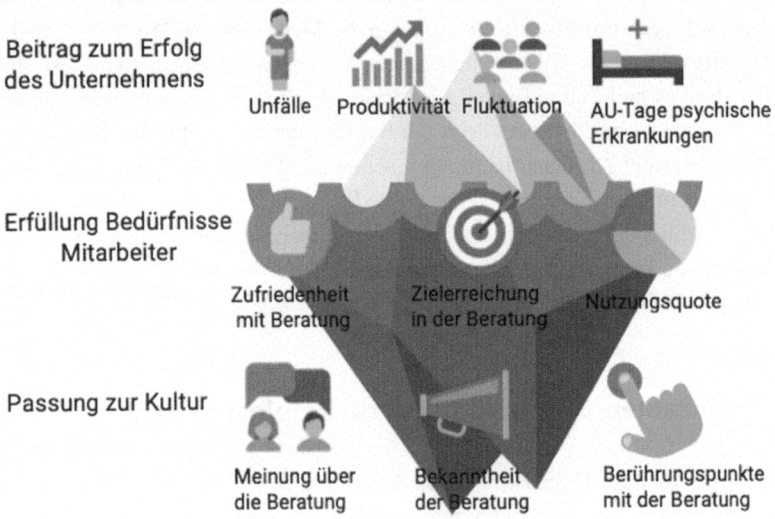

Abb. 6.2 Kennzahlen zur Erfolgskontrolle der externen Mitarbeiterberatung

6.2.1 Erfolgskontrolle: Passung zur Kultur des Unternehmens

Als wie passend sich die Mitarbeiterberatung zur Kultur Ihres Unternehmens erweist, können Sie zum Beispiel mit einem oder mehrerer der folgenden vier Kennwerte abbilden:

- **Bekanntheit des Angebotes:** Wie viel Prozent der Belegschaft, die die Beratung nutzen können, weiß auch davon? In einer Studie der Bundesanstalt der für Arbeitsschutz und Arbeitsmedizin, wussten 44 % der Befragten, dass es in Ihren Unternehmen Angebote zur Gesundheitsförderung gibt (Beck & Lenhardt, 2014). Berücksichtigen wir, dass es bei einigen Arbeitgebern möglicherweise wirklich keine Gesundheitsförderung gab, kommt man vielleicht auf ca. 50 %, die Wissen, dass ihr Arbeitgeber etwas anbietet. Die Quote derjenigen, die über die einzelnen Angebote Bescheid wissen, ist als wesentlich geringer anzunehmen und liegt im Durchschnitt wahrscheinlich im unteren zweistelligen Prozentbereich. Angebote hingegen, die sich gut in das Unternehmen eingefügt haben, werden der Mehrheit der Mitarbeiter bekannt sein. Wenn deutlich über 50 % der Mitarbeiter Bescheid wissen, dass es die Mitarbeiterberatung gibt, dann haben Sie den ersten Meilenstein erreicht, dass die Mitarbeiterberatung ein fester Bestandteil Ihres Unternehmens und Ihrer Kultur wird.
- **Bereitschaft, die Beratung in Anspruch zu nehmen:** Bei denjenigen, die die Mitarbeiterberatung kennen, können Sie die Frage stellen: „Wenn Sie mit xyz (von der Mitarbeiterberatung abgedeckte Anliegen einsetzen) ein Problem hätten, wie wahrscheinlich ist es, dass Sie damit zur Mitarbeiterberatung gehen?". Damit fragen Sie die Bereitschaft ab, das Angebot zu nutzen. Je höher die Bereitschaft, desto mehr können Sie damit rechnen, dass die Mitarbeiterberatung bei den Leuten angekommen ist. Lassen Sie sich die Antworten in Prozent geben. Personen, die mit Zahlen nicht so gut umgehen, fällt es möglicherweise schwer, ihr Empfinden in einer Prozentzahl auszudrücken, aber das lässt sich leicht beheben, indem sie nachfragen: „5 %? Das bedeutet also bei jedem 20. größeren Problem würden Sie zur Beratung gehen?". Erwarten Sie hier keine zu hohen Werte. Die meisten gesunden Menschen sind es gewohnt ihre Probleme erstmal ohne professionelle Hilfe zu lösen. Selbst von den Personen, die unter einer psychischen Störung leiden, nehmen gerade einmal 19 % irgendeine Art von professioneller Hilfe in Anspruch und bei diesen Personen ist von einem wesentlich höheren Leidensdruck und einem deutlich schwereren Problem auszugehen (Mack et al., 2014). Wenn Ihre Mitarbeiter also im Durchschnitt angeben, dass die Wahrscheinlichkeit, dass sie die Beratung in Anspruch nehmen, bei 10 % liegt, dann ist das schon ein guter Wert.
- **Meinung über das Angebot:** „Wie sinnvoll finden Sie, dass es eine Mitarbeiterberatung gibt?", ist eine weitere Frage, die Sie denjenigen Stellen können, die über die Beratung Bescheid wissen. Vielleicht reicht Ihnen das Stimmungsbild aus, ohne dass Sie die Meinungen weiter quantifizieren. Wenn doch, dann geben Sie Kategorien vor wie „Gar nicht sinnvoll", „relativ sinnvoll", „sehr sinnvoll" vor. Am Ende können Sie

dann auswerten, wie viel Prozent, das Angebot „sehr sinnvoll" finden und haben damit einen weiteren Wert zur Akzeptanz des Angebotes.

- **Berührungspunkte mit dem Angebot:** „Wie und wo sind Sie schon einmal auf die Mitarbeiterberatung aufmerksam geworden?", ist eine Frage, mit der Sie herausfinden, wie eng die Mitarbeiterberatung schon mit Ihrem Unternehmen verwoben ist. Zählen Sie einfach die unterschiedlichen Kontaktpunkte mit, die Ihnen ein Mitarbeiter nennt. Wenn er ein Poster am schwarzen Brett gesehen, den Berater bei seinem Rundgang durchs Haus getroffen und einmal von Betriebsarzt auf die Möglichkeit der Beratung angesprochen wurde, dann sind das drei Berührungspunkte. Je mehr Berührungspunkte die Mitarbeiter aufzählen können, desto besser ist die Mitarbeiterberatung in Ihr Unternehmen integriert. Neben der Zahl für Ihre Erfolgskontrolle erhalten Sie dabei gleich einen guten Überblick, welche Maßnahmen dazu beitragen, dass die Mitarbeiterberatung immer mehr in Ihrem Unternehmen aufgeht.

Wie Sie diese Zahlen erheben, ist letztlich Ihnen überlassen. Es muss nicht immer die umfangreiche Mitarbeiterbefragung sein. Sollte es die aber ohnehin geben, dann versuchen Sie doch Ihre Fragen dort unterzubringen. Wenn nicht, kann es auch ausreichend sein, eine halbe Stunde einen Rundgang im Unternehmen zu machen (oder einen Praktikanten damit zu beauftragen) und 10–20 zufällig ausgewählten Personen diese Frage zu stellen. Wenn Sie ohnehin in Ihrer Tätigkeit ständig Gespräche mit Mitarbeitern führen, können Sie diese Fragen ja auch in den Gesprächen platzieren und sich die Antworten anonym (also ohne zugehörigen Namen der Person, die die Aussagen gemacht hat) in einer Exceltabelle notieren. Es muss also nicht kompliziert sein. Sie müssen nicht alle Fragen stellen. Die Frage nach der Bekanntheit sollten Sie immer stellen, die Aspekte Bereitschaft, Meinung und Berührungspunkte sind optional und frei miteinander kombinierbar, je nachdem was Sie am meisten interessiert. Und an dieser Stelle endet dann auch schon der Teil der Erfolgskontrolle, den Sie oder Ihre Mitverantwortlichen im Unternehmen selber durchführen.

6.2.2 Erfolgskontrolle: Trifft die Beratung die Bedürfnisse der Mitarbeiter?

Langweilige Bücher (dieses hoffentlich nicht) verstauben auf dem Regal, weil sie nicht das Bedürfnis nach Unterhaltung erfüllen. Der Streaming-Dienst mit den neusten Serien, bringt hingegen die Breitbandleitung zum Glühen. Für das Fitnessstudio zahlen Sie, gehen aber nicht hin, weil Sie da keine Leute kennen, in der Bar in der Nachbarschaft aber schon. Die erfüllt ihr Bedürfnis nach Gemeinschaft genauso wie das gemeinsame Sitzen auf der Couch mit dem Partner. Kurzum: Produkte und Dienstleistungen, die ein Bedürfnis erfüllen, werden auch genutzt. An der Nutzung und an einigen anderen Werten können

Sie ablesen, ob die Mitarbeiterberatung so den Bedürfnissen Ihrer Mitarbeiter entspricht, wie Sie sich das bei der Einführung des Angebotes vorgestellt haben.

- **Nutzung:** Die Nutzung können Sie, bzw. Ihr Anbieter auf verschiedene Weise festhalten.

1. *Anzahl der Mitarbeiter, die die Beratung genutzt haben:* Wenn ein Mitarbeiter, die Beratung aufgrund von verschiedenen Anliegen aber zweimal nutzt, wird er trotzdem nur einmal gezählt. So bekommen Sie einen Überblick wie viel Prozent Ihrer Mitarbeiter die Beratung in einem bestimmten Zeitraum nutzen. In der Allgemeinbevölkerung leiden jedes Jahr ca. 25 % unter einer psychischen Störung, nur 11–40 % (je nach Schwere der Diagnose) davon, nehmen aber Kontakt zum Gesundheitssystem auf (Jacobi et al., 2014). Daraus ergibt sich, das zwischen 2,8 % und 10 % der Bevölkerung jährlich aufgrund eines psychischen Problems, professionelle Hilfe im Gesundheitssystem in Anspruch nehmen und dort versorgt werden. Wenn wir davon ausgehen, dass Ihr Unternehmen ein Querschnitt durch die Bevölkerung ist und in Ihrem Unternehmen auch jedes Jahr 25 % unter so starken Symptomen leiden, dass sie als psychische Erkrankung zu diagnostizieren wären, dann sollte ein wesentlicher Teil dieser Mitarbeiter die Beratung in Anspruch nehmen. 2,8–10 % (leider sind die Angaben in den entsprechenden Studien so ungenau) finden bereits Hilfe im öffentlichen Gesundheitssystem. **Damit bleiben also bleiben also zwischen 15 % und 22,2 % Ihrer Belegschaft übrig, die unter den Symptomen einer psychischen Erkrankung leiden und keine Hilfe erhalten oder in Anspruch nehmen. Diese Mitarbeiter sind Ihre Kernzielgruppe. Zur erweiterten Zielgruppe zählen auch diejenigen, die noch unter keiner Erkrankung leiden, die aber schon deutlich belastet sind. Deren Zahl schätzen wir noch einmal auf ebenso viele Personen. Damit zählen zur Zielgruppe insgesamt 30 bis 44,4 % Ihrer Belegschaft.**

2. *Anzahl der Anfragen, die an die Mitarbeiterberatung gerichtet werden:* Wenn ein Mitarbeiter mit verschiedenen Anliegen kommt wird also nicht der Mitarbeiter gezählt, sondern seine beiden Anliegen. Diese Zahl muss also höher sein, als die Zahl der Mitarbeiter, die die Beratung genutzt haben. Die meisten Anbieter zählen übrigens nicht die Anzahl der Mitarbeiter, sondern die Anzahl der Anfragen und teilen diese durch die Mitarbeiterzahl Ihres Unternehmens, um eine Nutzungsquote zu berechnen. Heraus kommt dann eine verwirrende Zahl, die verleitet zu denken, dass ein bestimmter Prozentsatz Ihrer Belegschaft die Beratung genutzt hat, was aber nicht stimmt. Die Anzahl der Anfragen ist nur insofern interessant, als dass sich daraus ergibt, wie viele Mitarbeiter die Beratung als so gut empfanden, dass sie sie wieder nutzen.

3. *Anliegen pro Mitarbeiter:* Teilen Sie die Zahl der Anliegen durch die Zahl der Mitarbeiter, die die Beratung genutzt haben, dann wissen Sie ob Mitarbeiter die Beratung

auch mehrfach in Anspruch nehmen. Ist die Zahl deutlich größer als 1, dann kommen einige Mitarbeiter mehrfach zur Beratung wegen verschiedener Anliegen, was bedeutet, dass Beratung definitiv ihre Bedürfnisse erfüllt. Je höher dieser Wert, desto besser.

- **Zufriedenheit mit der Beratung:** Wie zufrieden die Mitarbeiter mit der Beratung nach deren Abschluss sind, ist ein wichtiger Indikator, dafür, ob die Beratung die Bedürfnisse der Mitarbeiter erfüllt. Die Zufriedenheit mit der Beratung sollte deswegen standardmäßig erfasst werden. Wichtig ist dabei, wie die Fragen gestellt werden. Über entsprechende Formulierungen ist es sehr einfach, das Ergebnis in eine positive Richtung zu beeinflussen, zum Beispiel, indem man den Fokus auf Rahmenbedingungen der Beratung und nicht auf die Beratung an sich legt. Werden Mitarbeiter zum Beispiel gefragt, ob sie damit zufrieden waren, wie schnell sie einen Termin bekommen haben, ob sie sich verstanden gefühlt haben und ob die Beratung ihnen geholfen hat mit ihrem Problem umzugehen, dann betrifft nur eine von drei Fragen die wirklich die Beratung. Natürlich ist es wichtig, dass die Mitarbeiter schnell einen Termin bekommen und auch, dass sie sich verstanden fühlen, aber das sind nur Grundvoraussetzungen für eine Beratung, die den Bedürfnissen der Mitarbeiter entspricht. Entscheidend ist eigentlich die dritte Frage. Es macht also durchaus Sinn, die Fragen, die den Mitarbeitern am Ende der Beratung gestellt werden sollen, dem Anbieter vorzugeben, anstatt dass dieser seine eigenen Fragen verwendet. Wenn Sie es einfach halten wollen, dann fragen Sie „Hat die Beratung Ihre Bedürfnisse erfüllt?" (Antwortmöglichkeiten: „Vollkommen", „Großteils", „Teils-Teils", „Eher nicht", „Überhaupt nicht"). Wenn Sie es wissenschaftlicher haben wollen, bieten sich die Items des Client Satisfaction Questionnaire (Attkisson & Greenfield, 2004) an. Da könnten Sie beispielsweise die folgenden drei verwenden: „Wie würden Sie die Qualität der erhaltenen Beratung einschätzen?", „Haben Sie die Art Beratung erhalten, die Sie wollten?", „Konnten Sie nach der Beratung besser oder schlechter mit den Problemen umgehen als vorher?" (Antwortmöglichkeiten: „(1) Völlig unzufrieden", „(2) Ein wenig zufrieden", „(3) Zum größten Teil zufrieden", „(4) Sehr zufrieden"). Da alle drei Fragen die Beratung an sich betreffen, können Sie in diesem Fall auch die Antwortwerte von allen drei Fragen addieren und durch 3 teilen lassen. Je näher der Wert an 4 ist, desto mehr erfüllt, die Beratung die Bedürfnisse der Mitarbeiter.
- **Erreichen der Ziele in der Beratung:** Eine weitere Frage, die Sie Ihrem Anbieter nach Abschluss jeder Beratung auftragen können zu stellen, ist ob der Mitarbeiter in der Beratung seine Ziele erreicht hat. Diese sollten nämlich zu Beginn der Beratung festgelegt werden und entsprechend ist dann auch überprüfbar, ob sie erreicht wurden. Ziele können sein, besser mit der Kritik anderer umgehen zu können, weniger über negative Dinge nachzudenken, optimistischer in die Zukunft zu schauen etc.. Es gibt viele legitime Ziele für die Beratung, aber diese müssen definiert und ihre Erreichung überprüft werden.

Alle unter diesem Bereich genannten Werte lassen sich im Grunde genommen leicht erfassen und sollten von Ihrem Anbieter standardmäßig reportet werden.

Wenn die Beratung genutzt wird, was hoffentlich der Fall ist, können Sie ihren Anbieter auch bitten, folgende Werte zu reporten, die Ihnen einen Überblick verschaffen, ob das Angebot grundsätzlich wie gewollt funktioniert:

- Wartezeit bis zur ersten Rückmeldung (möglichst kurz)
- durchschnittliche Wartezeit auf einen Termin (möglichst kurz, keinesfalls länger als 2 Wochen)
- Anzahl der Beratungssitzungen pro Anliegen (in der Regel nicht mehr als 5, erst recht nicht mehr als 10)
- Anteil der Beratungen, nach denen Vermittlungen in Folgeangebote stattfinden (hier ist einfach nur interessant, **dass** Vermittlungen stattfinden)

Wie in Kap. 3 ausgeführt, ist ja einer der Hauptgründe für Gesundheitsangebote im Betrieb, dass Personen aufgrund der unmittelbaren Verfügbarkeit und dem leichten Zugang eher bereit sind, etwas für ihre Gesundheit tun. Beträgt also die Wartezeit auf eine Rückmeldung mehrere Tage oder die Wartezeit auf einen Termin durchschnittlich mehr als 2 Wochen, dann läuft etwas Grundlegendes schief. In diesem Fall würde die Beratung kaum einen Vorteil über Angebote, die auch außerhalb des Unternehmens verfügbar sind, liefern.

6.2.3 Erfolgskontrolle: Passung zur Wertschöpfung des Unternehmens

Bei der Passung zur Wertschöpfung des Unternehmens sind wir nun bei dem Teil angelangt, der in unserem Eisberg-Modell über der Wasseroberfläche liegt. Bis sich in diesem Bereich etwas zeigt, kann es aber durchaus 2–4 Jahre dauern. Denn zunächst einmal müssen Ihre Mitarbeiter ja anfangen die Beratung zu nutzen, dann muss die Beratung erfolgen und über einen längeren Zeitraum nach Abschluss der Beratung ihre Wirkung entfalten. Bis das bei mehreren ihrer Mitarbeiter erfolgt ist, wird es eine Zeit lang dauern. Die Voraussetzung dafür, dass sich überhaupt ein Effekt auf organisatorischer Ebene zeigt, ist natürlich, dass die Beratung in Anspruch genommen wird und als zufriedenstellend erlebt wird. Dann können Sie mit der Zeit auch Effekte bei den folgenden Zahlen feststellen:

- **Fehltage:** Die Fehltage werden von vielen Faktoren beeinflusst, nicht zuletzt von der Zufriedenheit der Mitarbeiter mit ihrer Arbeit. In Unternehmen mit geringerer Arbeitszufriedenheit, gibt es höhere Fehlzeiten (Diestel et al., 2014; Roelen et al., 2008; Scott & Taylor, 1985; Steel et al., 2002). Allein mit der Einführung der Mitarbeiterberatung werden Sie diesen Indikator also nicht beeinflussen können und es besteht immer die Gefahr, dass andere Faktoren, die Sie und Ihre Mitarbeiterberatung nicht kontrollieren können, einen ganz wesentlichen Einfluss auf die Fehlzeiten ausüben, zum Beispiel, wenn neue Arbeitsabläufe eingeführt werden, über die die Mitarbeiter verärgert sind und deswegen häufiger bei der Arbeit fehlen. Unsere Empfehlung lautet deshalb, diese Zahl besser gar nicht zu verwenden. Wenn Sie Fehlzeiten zur Erfolgs-kontrolle trotzdem heranziehen wollen, dann verwenden Sie besser die Statistiken der Krankenkassen. Krankenkassen stellen in der Regel Arbeitgebern anonyme Statistiken zu Verfügung, aufgrund welcher Arten von Krankheiten Mitarbeiter in in ihrem Unter-nehmen krank geschrieben werden (z.B. psychische Erkrankungen, Muskel-Skelett, Atemwege). Hier sollten Sie sich auf die Fehlzeiten aufgrund von psychischen Erkran-kungen, Diagnosen nach Kapitel V oder auch F-Diagnosen genannt, fokussieren und über die Zeit nachverfolgen, ob sich die Anzahl der Fälle und Fehltage in dieser Kategorie verringert. Zwar kann man wissenschaftlich nachweisen, dass eine Mitar-beiterberatung die Fehlzeiten reduziert (siehe Kap. 10), damit sie das aber auch tun können, wird es deutlich aufwendiger und unpraktikabel. Sie müssten dann, zufällig ausgewählt, einigen Mitarbeitern den Zugang zur Beratung ermöglichen und anderen verwehren und deren individuelle Fehlzeiten miteinander vergleichen. In der Praxis lässt sich das kaum bewältigen.

- **Fluktuation:** Ungewollte Fluktuation schadet jedem Unternehmen. Es müssen neue Mitarbeiter gefunden, angestellt und eingearbeitet werden. Der in der Zwischenzeit entstehende Produktivitätsverlust kann nicht ausgeglichen werden. Von einer Mitar-beiterberatung könnten Sie zum einen erwarten, dass sie Ihre Mitarbeiter mehr an das Unternehmen bindet (die Mitarbeiter fühlen sich aufgrund der Führsorge ihres Unternehmens verbundener mit dem Unternehmen). Zum anderen kann die Mitarbei-terberatung verhindern, dass Personen aufgrund von Erkrankungen komplett aus dem Ihrem Betrieb ausscheiden. Psychische Erkrankungen sind die mit Abstand häufigste Ursache für Frühverrentungen (BPtK, 2013). Insofern sollte sich langfristig ein Effekt der Mitarbeiterberatung auf die Fluktuation zeigen, aber natürlich nur auf die von Mit-arbeitern herbeigeführte Fluktuation, also wenn die Kündigung vom Mitarbeiter erfolgt oder der Mitarbeiter gesundheitsbedingt ausscheidet.

- **Leistungsfähigkeit:** Die Leistungsfähigkeit ist eigentlich die wichtigste Kennzahl für eine Mitarbeiterberatung, weil sie einen direkten Gesundheitsbezug hat. Bei der Leistungsfähigkeit geht es rein darum, wie sehr die Mitarbeiter momentan gesundheitsbedingt in der Lage sind, ihre Arbeit auszuführen. Es geht also um die direkte Voraussetzung für Produktivität. Das Pendant dazu ist der Präsentismus, also die gesundheitsbedingte Leistungseinschränkung. Leistungsfähigkeit und Präsentismus sind die beiden Enden des gleichen Kontinuums. Während Leistungsfähigkeit misst, wie viel Prozent Ihrer maximal möglichen Leistung Sie in Ihrem aktuellen Zustand im Stande wären zu leisten, misst Präsentismus wie viel Prozent Sie aufgrund Ihres aktu-ellen Zustandes gerade nicht im Stande wären zu leisten. Um Leistungsfähigkeit oder Präsentismus zu messen und wie die Mitarbeiterberatung sich auf diese auswirkt, gibt es verschiedene Fragebögen. Im deutschsprachigen Raum hat sich der Work Ability

Index besonders etabliert (Ebener & Bundesanstalt für Arbeitsschutz und Arbeitsmedizin, 2013), der in der Kurzversion aus 28 Fragen besteht. Das ist ziemlich viel. Allerdings hat sich herausgestellt, dass eine einzige Frage aus diesem Fragebogen besser die Leistungsfähigkeit misst, als alle 28 Fragen zusammen (Ahlstrom et al., 2010). Diese Frage lautet: „Wenn Sie Ihre beste, je erreichte Arbeitsfähigkeit mit 10 Punkten bewerten: Wie viele Punkte würden Sie dann für Ihre derzeitige Arbeitsfähigkeit geben? (0 bedeutet, dass Sie derzeit arbeitsunfähig sind)". Diese Frage können Sie in Mitarbeiterbefragungen platzieren, wenn Sie Auskünfte über die Leistungsfähigkeit der kompletten Belegschaft zu einem bestimmten Zeitpunkt haben wollen. Sie können auch Ihren Anbieter veranlassen diese Frage zu Beginn und zum Ende jeder Beratung zu stellen. Es macht allerdings Sinn, den Zeitraum in der Frage zu verändern: "Wenn Sie Ihre beste, je erreichte Arbeitsfähigkeit mit 10 Punkten bewerten: Wie viele Punkte würden Sie dann für Ihre Arbeitsfähigkeit **in den letzten zwei Wochen** geben?" Denn was Sie interessiert ist ja, ob eine stabile, längerfristige Veränderung stattgefunden hat.

- **Arbeitsunfälle:** Arbeitsunfälle können eine Folge von Überlastung sein. Besonders erschöpfte Mitarbeiter haben ein mehr als doppelt so hohes Risiko einen Arbeitsunfall zu erleiden als weniger erschöpfte Mitarbeiter (Swaen, 2003). Die Anzahl der Arbeitsunfälle stellt somit auch ein Maß für die Effekte Ihrer Mitarbeiterberatung dar. Natürlich dürfen Sie in diese Zahl nur diejenigen Unfälle einbeziehen, die nicht vorwiegend auf einen technischen Fehler zurückzuführen sind. Arbeitsunfälle, die zwar auf Ihrem Firmengelände stattfinden, aber durch Fremdfirmen verursacht werden, also von nicht zu Ihrem Betrieb gehörenden Mitarbeitern, dürfen Sie natürlich nicht miteinberechnen, denn diese Mitarbeiter haben ja keinen Zugang zu Ihrer Mitarbeiterberatung und entsprechend kann sich diese nicht auf ihren Erschöpfungsgrad günstig auswirken.

- **spezifische Unternehmensziele:** Zu Beginn des Entscheidungsprozesses für einen Anbieter (siehe Kap. 4) haben Sie sich ja bereits überlegt, zu welchen Unternehmenszielen die Mitarbeiterberatung einen Beitrag leisten soll. Gibt es Kennzahlen, die die Erreichung dieser Ziele messen, die bereits erhoben werden und die Sie beobachten können, ob Sie sich in eine positive Richtung seit Einführung der Mitarbeiterberatung entwickeln? Wenn Sie die Beratung beispielsweise für Ihr F&E Team eingeführt haben, könnten Sie die Innovationsrate beobachten und die durchschnittliche Dauer der Entwicklung neuer Produkte. Wenn Sie die Beratung für Ihre Vertriebsmitarbeiter eingeführt haben, können Sie beobachten wie sich die Zahl der Kundenkontakte und der Abschlüsse verändert. Viele dieser Zahlen sind bereits in Ihrem Unternehmen vorhanden und warten darauf von ihnen abgerufen zu werden. Machen Sie sich aber zunächst einmal nicht zu große Hoffnung, denn an der Veränderung dieser Zahlen schrauben natürlich alle Unternehmensbereiche und es wird schwierig sein eine Veränderung auf die Mitarbeiterberatung zurückzuführen.

- **Beurteilung der Nützlichkeit durch die Bereichsleiter und Bekanntheit bei den Bereichsleitern:** Ihre Bereichsleiter sollten die Mitarbeiterberatung kennen, am besten auch schon selbst ausprobiert haben. Wie sie die Nützlichkeit der Beratung im

Betriebsalltag und für ihre Arbeit einschätzen, ist ebenfalls eine wichtige Kennzahl. Vielleicht haben die Bereichsleiter Erfahrungen damit gemacht, dass sie einen schwer belasteten Mitarbeiter zur Beratung schicken konnten und es dem Mitarbeiter nach einigen Wochen wieder besser ging. Oder sie haben selbst in schwierigen Führungssituationen Rat in der Beratung erhalten. Sprechen Sie also auch nach der Einführung weiter mit Ihren Abteilungsleitern über die Beratung und darüber, ob sich die erhoffte Wirkung so materialisiert wie erwünscht. Die persönlichen Gespräche darüber sind schon informativ und wertvoll. Wenn Sie den Wert quantifizieren wollen, können Sie Ihren Abteilungsleitern regelmäßig die Frage stellen „Wie nützlich ist die Mitarbeiterberatung für Ihre tägliche Arbeit?" und Sie auf einer Skala von 1–5 antworten lassen (überhaupt nicht nützlich – sehr nützlich).

Wählen Sie auch hier 1–3 Werte aus, die Sie über einen längeren Zeitraum, das heißt durchaus über mehrere Jahre, beobachten wollen. Wenn Sie aus allen drei vorgestellten Bereichen, regelmäßig 1–3 Werte erfassen und deren Veränderung (oder ausbleibende Veränderung) beobachten, haben Sie eine gute Grundlage, um einzugreifen und nachzubessern, wenn es in der Zusammenarbeit mit Ihrer Mitarbeiterberatung haken sollte.

6.3   Was tun, wenn's hakt?

In der Zusammenarbeit mit Ihrer Mitarbeiterberatung kann es an verschiedenen Stellen haken. Wichtig ist dann vor allem ein gezieltes Troubleshooting.

Problem Nr. 1: Die Mitarbeiterberatung ist nicht bekannt im Unternehmen
Dass dieses Problem vorliegt, müssen Sie natürlich erst einmal feststellen können. In der Regel werden Unternehmen erst dadurch aufmerksam, dass die Nutzung des Angebotes sehr gering ist, also über ein Symptom dieses Grundproblems. Wenn das Ihr einziger Anhaltspunkt ist, sollten Sie zunächst einmal klären, ob Unbekanntheit wirklich das Problem ist (siehe Problem Nr. 2). Wir gehen jetzt davon aus, dass Sie bereits festgestellt haben, dass das Angebot der Mitarbeiterberatung nicht bekannt ist, zum Beispiel durch die im vorhergehenden Abschnitt beschriebenen Methoden. Es handelt sich also um ein reines Informationsproblem. Diesem Problem können Sie glücklicherweise sehr einfach entgegenwirken, indem Sie Ihre Führungskräfte noch mal mit einem Berater des Anbieters bekannt machen, der das Angebot noch einmal erläutert. Die Führungskräfte können das Angebot dann wiederum in ihren Teams vorstellen. Alternativ kann der Berater (wie in Kap. 5 beschrieben) zu den Mitarbeitern selber gehen, sodass diese ein Gesicht und einen Eindruck von der Beratung bekommen. Die Herausforderung hier, ist wirklich herauszufinden, dass die Mitarbeiter einfach nicht über das Angebot Bescheid wissen.

Problem Nr. 2: Zwar bekannt, wird aber nicht oder nur wenig genutzt
Das häufigste Problem, warum Mitarbeiterberatungen scheitern, ist dass sie nicht genutzt werden. Das kann an mangelnder Bekanntheit liegen, kann aber auch ein Symptom eines anderen Problems sein. Wenn Sie also feststellen, dass ein Großteil der Mitarbeiter über das Angebot Bescheid weiß, es aber trotzdem nicht oder nur zu wenig in Anspruch genommen wird, kann das daran liegen, dass die Mitarbeiter nicht erkennen, welchen Nutzen dieses Angebot für sie haben kann. Das liegt entweder daran, dass das Angebot tatsächlich unzureichend auf die Bedürfnisse der Mitarbeiter abgestimmt wurde (siehe Kap. 4) oder dass es nicht gelungen ist, den Nutzen auch zu transportieren. Wenn Sie in den Gesprächen mit Mitarbeitern heraushören, dass diese gar nicht wissen, was die Beratung für sie leisten kann und warum die Mitarbeiterberatung genau eingeführt wurde, ist wahrscheinlich der Informationsfluss zu den Mitarbeitern nicht richtig gelungen. Dann sollten Sie noch einmal den Weg nachvollziehen, auf dem die Mitarbeiterberatung kommuniziert wurde, um festzustellen, wo die entscheidenden Informationen verloren gegangen sind. Wurde die Mitarbeiterberatung durch die Führungskräfte vorgestellt und diese wurden unzureichend informiert? Oder wurde die Beratung bei einer Betriebsversammlung ganz am Ende vorgestellt, wo schon die Hälfte der Belegschaft (mindestens geistig) abwesend war? Dann müssten Sie also auch noch einmal neu informieren über das Angebot. Sollte sich herausstellen, dass die Mitarbeiter schon Bescheid wissen, auch über die speziellen Gründe der Einführung, ist möglicherweise etwas bei der Eruierung der Bedürfnisse der Mitarbeiter falsch verstanden worden. Das muss gar nicht Ihr Fehler sein. Was Menschen sagen und was sie tun, kann sich weit unterscheiden. Wenn also vor der Einführung viele Mitarbeiter, mit denen sie gesprochen haben Ihnen gesagt haben, dass sie zu einem bestimmten Thema Beratung in Anspruch nehmen würden und es dann doch nicht tun, ist das durchaus nicht unnormal. Es gibt zahlreiche Studien, die belegen, dass die Absicht, etwas zu tun und wirklich etwas zu tun, weit auseinander liegen (Webb & Sheeran, 2006). Auch wenn Sie am Anfang alles richtig gemacht haben, kann es passieren, dass die Mitarbeiter merken, dass sie eigentlich Unterstützung zu einem anderen Thema bräuchten. Diese Erkenntnis konnte aber erst reifen, nachdem das Angebot vorhanden war. Das ist nichts Außergewöhnliches und auch kein Beinbruch, solange Sie einen Anbieter haben, der flexibel reagieren kann und eng mit Ihnen zusammenarbeitet.

Problem Nr. 3: Die Beratung wird genutzt, die Mitarbeiter sind aber nicht zufrieden mit der Beratung
Auch das kann mehrere Ursachen haben. Zum einen können die Erwartungen an die Beratung unrealistisch sein ("Ich dachte, Sie lösen mein Problem für mich") oder die Beratung ist zwar fachlich gut, entspricht aber nicht der Art Ihrer Mitarbeiter (zum Beispiel leuchten die Lösungsansätze aus der Beratung den Mitarbeitern nicht ein), zum anderen kann die Beratung wirklich fachlich ungenügend und ohne Nutzen sein. Wichtig ist, dass Sie sich bei der Analyse nicht nur auf die Rückmeldung einiger, dafür aber lautstarker Mitarbeiter verlassen. Wie es ansonsten nämlich auch im Leben häufig der Fall ist, hört man nur von denen, die etwas auszusetzen haben. Die Zufriedenen sagen nichts. Das soll natürlich

nicht dazu verleiten, diejenigen zu diskreditieren, die etwas auszusetzen haben, aber sie sollten auch nicht aufgrund einer kritischen Rückmeldung sofort die ganze Mitarbeiterberatung infrage stellen. Umso wichtiger ist es aber, dass der Anbieter standardmäßig, wie im vorherigen Abschnitt beschrieben, die Zufriedenheit mit der Beratung erfasst. Nur dann können Sie prüfen, ob es wirklich ein Problem mit der Beratung gibt. Sollte sich dieser Punkt bewahrheiten, dann bitten Sie Ihre Mitarbeiter um anonyme Rückmeldungen, direkt an Sie, was sie an der Beratung gestört hat. Diese können sie Ihnen in Ihr Postfach legen oder die Mitarbeitervertretung sammelt die Rückmeldungen, stellt die Anonymität sicher und leitet sie dann an sie weiter. Auf dieser Grundlage suchen Sie dann das Gespräch mit dem Anbieter. Vielleicht liegt ein falsches Verständnis vor, von dem was eigentlich vom Anbieter erwartet wird. Vielleicht ist auch in der Bekanntmachung des Angebotes etwas schief gelaufen und es wurden Erwartungen geweckt, die sich gar nicht im Rahmen einer Kurzzeitberatung erfüllen lassen. All das, werden Sie nur im Gespräch mit dem Anbieter persönlich herausfinden können.

Problem Nr. 4: Es meldet sich nur eine sehr kleine Gruppe an Mitarbeitern, diese aber sehr häufig
Die Zahl der individuellen Mitarbeiter, die die Beratung nutzen, ist im Verhältnis zu Ihrer Gesamtbelegschaft klein, die Anzahl der Beratungsanfragen aber relativ hoch. Eine kleine Gruppe an Mitarbeitern nutzt die Beratung also intensiv, der Rest dafür kaum. Das ist eines der besten Probleme, die man mit der Mitarbeiterberatung haben kann, denn offensichtlich lagen Sie ja richtig mit Ihrem Angebot: Sie haben die Bedürfnisse Ihrer Mitarbeiter getroffen, wenn bisher auch nur die einer kleinen Gruppe. Das können Sie sich zu Nutze machen, indem Sie herausfinden, was diese kleine Gruppe so sehr an dem Angebot schätzt, dass sie es immer wieder nutzt. Möglicherweise ist nur dieser kleinen Gruppe der eigentliche Nutzen der Beratung bewusst. Mitarbeiter, die die Beratung noch nie genutzt und nicht die Erfahrung gemacht haben, wissen nicht wie hilfreich das Angebot eigentlich ist. Um auch dem restlichen, großen Teil ihrer Belegschaft den Nutzen näher zu bringen, stehen Ihnen zwei Möglichkeiten zur Verfügung: Sie sprechen mit Ihrem Anbieter, um herauszufinden, was die Mitarbeiter Ihres Unternehmens so an der Beratung schätzen (natürlich ohne die Anonymität zu gefährden). Oder Sie sprechen mit Ihren „Powerusern" direkt, was diese an der Beratung so toll finden. Solche Poweruser halten mit Ihrer Begeisterung häufig nicht zurück und möglicherweise haben Ihnen die entsprechenden Personen auch schon selbst erzählt, dass sie die Beratung mehrfach genutzt haben. Informieren Sie auch die anderen Mitarbeiter noch einmal über den großen Nutzen, den Ihre Poweruser entdeckt haben. Auf diesem Wege entsteht eine hohe Inanspruchnahme des Angebotes. Das soziale Netzwerk Facebook war ursprünglich ein Netzwerk, das nur Studenten der Harvard University zugänglich war, also gerade einmal 20.000 Personen (Kirkpatrick, 2011). Eine mickrige Anzahl, vergleicht man sie mit den mehreren Millionen Studenten in den USA, die die nächste Zielgruppe waren oder mit den über 2 Mrd. Nutzern, die das Netzwerk heutzutage hat. Diese 20.000 aber nutzten das Netzwerk so intensiv und begeistert und erzählten allen Freunden und Kollegen davon,

dass immer mehr Leute auch einen Zugang verlangten. Nun wird Ihre Mitarbeiterberatung nicht die gleichen Begeisterungsstürme wie Facebook zu Beginn seines Dienstes auslösen (dafür verfügt sie über einen besseren Datenschutz), aber das Prinzip ist das gleiche. Eine „kleine" Gruppe an Begeisterten, kann eine große Gruppe mit der Begeisterung anstecken, wenn sie darüber spricht.

Problem Nr. 5: Lange Wartezeiten auf Rückmeldungen und Termine
Die Information hierüber erhalten Sie entweder wie im vorherigen Abschnitt beschrieben vom Anbieter selbst oder Sie werden entsprechende Rückmeldungen von Ihren Mitarbeitern bekommen. Wenn Ihr Anbieter diese Zahlen nicht standardmäßig reportet und Sie die Rückmeldung dementsprechend von einigen Ihrer Mitarbeiter erhalten haben, dann bitten Sie Ihren Anbieter um eine entsprechende Auswertung, um festzustellen, ob die Wartezeiten wirklich im Durchschnitt zu lange sind. Wenn das der Fall ist, gibt es keine Entschuldigung. Der Hauptzweck betrieblicher Gesundheitsangebote ist es, einen schnelleren und unkomplizierteren Zugang als außerhalb des Unternehmens zu schaffen und wenn dieser Zweck nicht erreicht wird, muss der Anbieter etwas verändern. Das müssen Sie Ihrem Anbieter klar machen.

Problem Nr. 6: Die Fehlzeiten steigen weiterhin
Das ist im eigentlichen Sinne kein Problem der Mitarbeiterberatung, denn steigende Fehlzeiten können ganz viele verschiedene Ursachen haben, auf die die Mitarbeiterberatung gar keinen Einfluss hat: Mitarbeiter fühlen sich unfair behandelt, die Arbeitsbelastung ist hoch, sich krank schreiben zu lassen ist ein häufiges und sozial akzeptiertes Verhalten etc. (Aldana & Pronk, 2001; Badura et al., 2020; Darr & Johns, 2008; de Boer et al., 2002; K.-H. Schmidt, 2002). Wenn Sie sich dieses Problem wirklich ans Bein haften wollen, dann schauen Sie sich am besten (wie im vorherigen Abschnitt beschrieben) die Fehlzeiten aufgrund psychischer Erkrankungen an und ob diese in Ihrem Betrieb auch gestiegen sind. Auch dafür kann man längst nicht nur die Mitarbeiterberatung verantwortlich machen. Sie könnten dann den Anstieg der Fehlzeiten aufgrund psychischer Erkrankungen offen thematisieren und gezielt noch einmal auf die Mitarbeiterberatung hinweisen.

Problem Nr. 7: Die Führungskräfte haben ein schlechtes Bild von der Mitarbeiterberatung
Wenn Sie die Führungskräfte in die Auswahl Ihrer Mitarbeiterberatung miteinbezogen haben, sollte es dieses Problem eigentlich nicht geben. Uneigentlich kann dieses Problem natürlich trotzdem auftreten und kann daran liegen, dass einige Führungskräfte eine generelle Abneigung gegen derartige Beratungsangebote haben, oder ihre Erwartungen in einer Beratung nicht erfüllt wurden. Die Unterstützung Ihrer Führungskräfte ist für die Mitarbeiterberatung aber essentiell. Wenn Sie dieses Problem feststellen, dann versuchen Sie unbedingt herauszufinden, woher das Problem kommt und thematisieren Sie es mit dem

Anbieter, sofern dieser wirklich etwas dazu beigetragen hat. Natürlich gibt es gewisse Grenzen, zum Beispiel wenn eine Führungskraft vom Anbieter keine Auskunft darüber erhalten hat, wie es mit der Beratung mit einem ihrer Mitarbeiter voran geht und deswegen eine Ablehnung gegen das Angebot entwickelt hat. Das gemeinsame Gespräch mit den Führungskräften und dem Anbieter sollten Sie aber in jedem Fall suchen.

Literatur

Ahlstrom, L., Grimby-Ekman, A., Hagberg, M., & Dellve, L. (2010). The work ability index and single-item question: Associations with sick leave, symptoms, and health – a prospective study of women on long-term sick leave. *Scandinavian Journal of Work, Environment & Health, 36*(5), 404–412. https://doi.org/10.5271/sjweh.2917

Aldana, S. G., & Pronk, N. P. (2001). Health promotion programs, modifiable health risks, and employee absenteeism. *Journal of Occupational and Environmental Medicine, 43*(1), 36–46.

Attkisson, C. C., & Greenfield, T. K. (2004). The UCSF Client Satisfaction Scales: I. The Client Satisfaction Questionnaire-8. In *The use of psychological testing for treatment planning and outcomes assessment: Bd. 3 Instruments for adults* (3. Aufl., S. 799–811). Lawrence Erlbaum Associates Publishers.

Badura, B., Ducki, A., Schröder, H., Klose, J., & Meyer, M. (2020). *Fehlzeiten-Report 2020: Gerechtigkeit und Gesundheit.* Springer.

Beck, D., & Lenhardt, U. (2014). Betriebliche Gesundheitsförderung in Deutschland: Verbreitung und Inanspruchnahme. Ergebnisse der BIBB/BAuA-Erwerbstätigenbefragungen 2006 und 2012. *Das Gesundheitswesen, 78*(01), 56–62. https://doi.org/10.1055/s-0034-1387744

BPtK. (2013). *BPtK-Studie zur Arbeits- und Erwerbsunfähigkeit.* Bundespsychotherapeutenkammer (BPtK). https://www.bptk.de/wp-content/uploads/2019/01/20140128_BPtK-Studie_Arbeits-und_Erwerbsunfaehigkeit-2013.pdf

Darr, W., & Johns, G. (2008). Work strain, health, and absenteeism: A meta-analysis. *Journal of Occupational Health Psychology, 13*(4), 293–318. https://doi.org/10.1037/a0012639

de Boer, E. M., Bakker, A. B., Syroit, J. E., & Schaufeli, W. B. (2002). Unfairness at work as a predictor of absenteeism. *Journal of Organizational Behavior, 23*(2), 181–197. https://doi.org/10.1002/job.135

Diestel, S., Wegge, J., & Schmidt, K.-H. (2014). The Impact of social context on the relationship between individual job satisfaction and absenteeism: The roles of different foci of job satisfaction and Work-Unit absenteeism. *Academy of Management Journal, 57*(2), 353–382. https://doi.org/10.5465/amj.2010.1087

Ebener, M., & BAuA. (2013). *Why WAI? Der Work Ability Index im Einsatz für Arbeitsfähigkeit und Prävention - Erfahrungsberichte aus der Praxis* (5. Aufl.). Bundesanstalt für Arbeitsschutz und Arbeitsmedizin (BAuA).

Hapkemeyer, J., Scheibner, N., & Seidel, L. (2013). Effekte evaluieren lohnt sich. *Personalwirtschaft, 6*, 64–66.

Jacobi, F., Höfler, M., Siegert, J., Mack, S., Gerschler, A., Scholl, L., Busch, M. A., Hapke, U., Maske, U., Seiffert, I., Gaebel, W., Maier, W., Wagner, M., Zielasek, J., & Wittchen, H.-U. (2014). Twelve-month prevalence, comorbidity and correlates of mental disorders in Germany: The Mental Health Module of the German Health Interview and Examination Survey for Adults

(DEGS1-MH). *International Journal of Methods in Psychiatric Research, 23*(3), 304–319. https:// doi.org/10.1002/mpr.1439

Kirkpatrick, D. (2011). *The Facebook effect: The inside story of the company that is connecting the world.* Simon & Schuster Paperbacks.

Mack, S., Jacobi, F., Gerschler, A., Strehle, J., Höfler, M., Busch, M. A., Maske, U. E., Hapke, U., Seiffert, I., Gaebel, W., Zielasek, J., Maier, W., & Wittchen, H.-U. (2014). Self-reported utilization of mental health services in the adult German population - evidence for unmet needs? Results of the DEGS1-Mental Health Module (DEGS1-MH): Utilization of Mental Health Services in Germany. *International Journal of Methods in Psychiatric Research, 23*(3), 289–303. https://doi. org/10.1002/mpr.1438

Roelen, C. A. M., Koopmans, P. C., Notenbomer, A., & Groothoff, J. W. (2008). Job satisfaction and sickness absence: A questionnaire survey. *Occupational Medicine, 58*(8), 567–571. https:// doi.org/10.1093/occmed/kqn113

Schmidt, K.-H. (2002). Organisationales und individuelles Abwesenheitsverhalten: Eine Cross-Level Studie. *Zeitschrift für Arbeits- und Organisationspsychologie, 46*(2), 69–77. https://doi. org/10.1026/0932-4089.46.2.69

Scott, K. D., & Taylor, G. S. (1985). An examination of conflicting findings on the relationship between job satisfaction and absenteeism: A meta-analysis. *Academy of Management Journal, 28*(3), 599–612. https://doi.org/10.5465/256116

Sparr, J. L., & Sonnentag, S. (2008). Feedback environment and well-being at work: The mediating role of personal control and feelings of helplessness. *European Journal of Work and Organizational Psychology, 17*(3), 388–412. https://doi.org/10.1080/13594320802077146

Steel, R. P., Rentsch, J. R., & Hendrix, W. H. (2002). Cross-level replication and extension of Steel and Rentsch's (1995) longitudinal absence findings. *Journal of Business and Psychology, 16*(3), 447–456. https://doi.org/10.1023/A:1012829125272

Swaen, G. M. H. (2003). Fatigue as a risk factor for being injured in an occupational accident: Results from the Maastricht Cohort Study. *Occupational and Environmental Medicine, 60,* 88–92. https://doi.org/10.1136/oem.60.suppl_1.i88

Webb, T. L., & Sheeran, P. (2006). Does changing behavioral intentions engender behavior change? A meta-analysis of the experimental evidence. *Psychological Bulletin, 132*(2), 249–268. https:// doi.org/10.1037/0033-2909.132.2.249

Mitarbeiterberatung und BGM

7

Das betriebliche Gesundheitsmanagement (BGM) hat die Aufgabe, die Gesundheit und Leistungsfähigkeit der Mitarbeiter zu erhalten, vor Beeinträchtigungen zu schützen und auszubauen. BGM zu betreiben, bedeutet also, die durch die Arbeit entstehenden körperlichen und psychischen Belastungen zu erfassen und Maßnahmen zu treffen, um diese verringern. Wenn es aber nur um das Vermindern von Belastungen und Gefahren für die Gesundheit ginge, wäre man eigentlich im Bereich Arbeitsschutz/-sicherheit. BGM beinhaltet darüber hinaus eben auch die Förderung von Gesundheit und den Ausbau der Leistungsfähigkeit und nicht nur deren Schutz. Auch liegt der Fokus von BGM nicht nur auf der Unfallvermeidung und dem Umgang mit physikalischen, chemischen und biologischen Gefahren, sondern BGM nutzt alle bestehenden Möglichkeiten, um einen positiven Einfluss auf die Gesundheit der Mitarbeiter zu nehmen, sowohl verhältnispräventive- als auch verhaltenspräventive (siehe Kap. 3). Die Maßnahmen, die das BGM nutzt, um einen positiven Einfluss auf das Verhalten der Mitarbeiter zu nehmen nennt man die Betriebliche Gesundheitsförderung (BGf). Die Mitarbeiterberatung ist ein (entscheidender) Teil der Betrieblichen Gesundheitsförderung. Die Begriffe BGM und BGf werden gerne miteinander vermischt. Vor allem werden gerne BGf Aktivitäten als BGM bezeichnet, wahrscheinlich weil das Wort „Management" besser klingt. Wichtig für unser Thema der Mitarbeiterberatung ist, dass diese aus dem BGM hervorgeht und entsprechend damit verknüpft ist.

7.1 Zusammenspiel BGM und Mitarbeiterberatung

In den Aufgabenbereich des Betrieblichen Gesundheitsmanagement fällt auch die Gefährdungsbeurteilung psychischer Belastung nach §5 Arbeitsschutzgesetz, in der Gefährdungen für die psychische Gesundheit festgestellt und behoben werden sollen. In der

© Der/die Autor(en), exklusiv lizenziert durch Springer Fachmedien Wiesbaden GmbH, ein Teil von Springer Nature 2022
R. Zieringer und P. Wehr, *Externe Mitarbeiterberatung*, https://doi.org/10.1007/978-3-658-35523-4_7

Umsetzung werden diese Gefährdungen in der Regel mit Belastungen gleichgesetzt, also äußere Faktoren, die eine potenziell negative Auswirkung auf die psychische Gesundheit der Mitarbeiter haben. Nun verhält es sich aber bei psychischen Belastungen anders als bei physikalischen, chemischen oder biologischen. Die gleiche Belastung führt nicht bei allen Personen zu dem gleichen Ergebnis bzw. der gleichen Beanspruchung. Einige Personen können mit hoher Stressbelastung gut umgehen und zeigen keine dauerhaften, negativen Folgewirkungen, andere Personen hingegen schon. Das erklärt man damit, dass die Personen, bei denen sich keine nennenswerten negativen Folgewirkungen zeigen, über höhere Ressourcen verfügen, die Ihnen helfen mit den Belastungen umzugehen. Belastungen sind beispielsweise nach Semmer et al. (1998):

- Arbeitsplatzunsicherheit
- Arbeitsorganisatorische Probleme (Mitarbeiter können aufgrund organisatorischer Probleme nicht Ihre Arbeit zu Ende stellen)
- Arbeitsunterbrechungen (Mitarbeiter werden ständig in Arbeitsabläufen gestört)
- Zeitdruck
- Rollenkonflikte (Mitarbeiter müssen es zu vielen Personen auf einmal recht machen)

Bei den Ressourcen unterscheidet man diejenigen, die außerhalb und innerhalb der Person liegen. Außerhalb der Person liegen günstige Arbeitsumstände und Eigenschaften der Arbeitstätigkeit. Das sind unter anderem (vgl. Nübling et al., 2005; Semmer et al., 1998):

- Handlungsspielraum (Freiraum zu haben, wie man seine Arbeit tut),
- Zeitspielraum (Freiraum zu haben, wann man seine Arbeit tut),
- Variabilität (verschiedenartige Aufgaben zu haben)
- Partizipation (bei der Gestaltung der Arbeit mitwirken zu können)
- Bedeutung der Arbeit (als wie bedeutsam die eigene Arbeit wahrgenommen wird)
- Entwicklungsmöglichkeiten (Aufstiegschancen und Fähigkeitsentwicklung)
- Unterstützung bei der Arbeit (durch Kollegen und Vorgesetzte)
- Feedback/Rückmeldungen zur eigenen Arbeit

Aufgabe des BGM ist es Belastungen zu beseitigen und Ressourcen zu schaffen oder auszubauen, also Verhältnisprävention zu betreiben. Das ist aber nicht immer möglich. Wenn besonders fordernde Kunden eine Belastung darstellen, kann der Arbeitgeber das kaum beeinflussen. Wenn Schichtarbeit notwendig ist, sind die Möglichkeiten diese Belastung zu reduzieren stark begrenzt. In solchen Fällen hat das BGM aber die Möglichkeit Maßnahmen für die Mitarbeiter anzubieten, die zu einer Stärkung der in der Person liegenden Ressourcen führen, um mit den Belastungen umzugehen – also Verhaltensprävention zu betreiben.

7.2   Mitarbeiterberatung als Maßnahme des BGM

Während das BGM also Einflüsse der Arbeit auf die Gesundheit und Leistungsfähigkeit der Mitarbeiter ermittelt und diese versucht zu verändern, ist die Mitarbeiterberatung eine Maßnahme, über die das BGM versucht Einfluss zu nehmen und zwar auf das Verhalten der Mitarbeiter – das gesundheitsbezogene Verhalten versteht sich. Die Mitarbeiterberatung kommt da zum Einsatz, wo die Möglichkeiten etwas an den Verhältnissen zu ändern, erschöpft sind oder Mitarbeiter lernen müssen mit eigentlich positiven Merkmalen Ihrer Arbeit umzugehen.

Nicht veränderbare Belastungen ergeben sich aus den Umständen, in denen sich ein Unternehmen selbst befindet. Das können die Marktsituation, die Branche oder die wirtschaftliche Lage des Unternehmens sein. Ein Unternehmen in einer schwierigen wirtschaftlichen Lage kann nichts daran ändern, dass die Belegschaft Angst um ihre Arbeitsplätze hat – außer natürlich die wirtschaftliche Lage zu verbessern, was aber nicht von heute auf morgen geht. In der Zwischenzeit werden die Mitarbeiter mit der Unsicherheit leben müssen und damit das Unternehmen aus der schwierigen wirtschaftlichen Lage herauskommt, wird ihre Schaffenskraft mehr denn je gebraucht werden. Die Mitarbeiterberatung kann besonders davon betroffenen Personen helfen mit der Angst vor dem Arbeitsplatzverlust umzugehen. Es gibt bewährte Methoden in der psychologischen Beratung, um Ängste zu entschärfen und die dadurch entstehende negative Beeinflussung zu verringern (für verschiedene Beratungsansätze, siehe Kap. 9). Kommt die Belastung der Servicemitarbeiter dadurch zu Stande, dass sie mit schwierigen Kunden Umgang pflegen müssen und (mental) jeden Kunden mit nach Hause nehmen, dann kann die Beratung den betroffenen Mitarbeitern helfen, besser abzuschalten (die Kunden abzuschaffen wäre zwar auch eine wirksame aber langfristig doch ungesunde Lösung). Auch dafür gibt es bewährte Methoden der Beratung. Natürlich kann nicht jeder Berater in jeder Situation helfen und deshalb ist es einmal mehr umso wichtiger, dass Sie Ihre Mitarbeiterberatung passend zu den Belastungen auswählen, mit denen Ihre Mitarbeiter umgehen müssen.

Ressourcen dienen ebenfalls dazu, die Belastungen, denen Ihre Mitarbeiter ausgesetzt sind, zu kompensieren. Bestimmte Belastungen können durch bestimmte Ressourcen ausgeglichen werden. Ein hohes Arbeitsaufkommen kann zum Beispiel durch ein hohes Maß an Handlungsspielraum ausgeglichen werden. Personen, die viel Arbeit erledigen müssen, schaffen das besser, wenn sie immerhin bestimmen können, wie sie diese Arbeit machen. Das trifft aber nur zu, wenn sie mit dieser Freiheit auch umgehen können. Ansonsten wird aus dieser Ressource auch schnell eine Belastung. Sie werden nun in der Auswahl Ihrer Mitarbeiter auf eine Passung zwischen der Merkmalen der Position und der Person achten: Sie werden niemanden für eine Außendienstposition einstellen, bei dem Sie den Eindruck haben, dass die Person Schwierigkeiten mit der Selbstorganisation, eigenständigen Terminplanung und der Selbstmotivation hat. Trotzdem kann es vorkommen, dass der Mitarbeiter nach einiger Zeit merkt, dass das vollkommen selbstverantwortliche Arbeiten ihn vor eine ganz schöne Herausforderung stellt, vor allem wenn er neu in der

Position ist. Hier kann die Beratung hilfreich sein aus der Freiheit das zu machen, was sie eigentlich ist: Eine Ressource. Effektive Fähigkeiten, Selbstmanagement zu betreiben, sind Bestandteil fast jedes Beratungs- und Therapieansatzes (Kanfer et al., 2012). Ähnliche Fähigkeiten benötigen Sie, wenn Ihre Aufgaben sehr variabel sind, es also viel Abwechslung in Ihrer Tätigkeit gibt. Das ist an sich auch eine Ressource und Menschen schätzen Abwechslung bei der Arbeit – aber auch damit muss man umgehen können. Die viele Abwechslung birgt nämlich auch die Gefahr eines uneffektiven Multitaskings mit ständigem Herumspringen zwischen verschiedenen Aufgaben ohne genügend Zeit für die Erledigung einer Aufgabe einzuräumen. Abwechslung in den Aufgaben steigert die Arbeitszufriedenheit (und dadurch auch die Gesundheit), ein ständiges Hin- und Herspringen zwischen verschiedenen Aufgaben lässt die Arbeitszufriedenheit sinken (Etkin & Mogilner, 2016) – Sie haben das Gefühl zu nichts wirklich zu kommen, alles anzufangen aber nichts wirklich zu Ende zu bringen. Auch den Umgang damit und die richtige Selbststeuerung in einer solchen Tätigkeit kann man lernen und die Mitarbeiterberatung kann dabei sehr gezielt Hilfestellung leisten.

Darüber hinaus gibt es den Fall, dass nicht einzelne Personen beim Umgang mit Ihrer Arbeit Hilfe benötigen, sondern gleich eine ganze Gruppe in einem Teil Ihres Unternehmens. Bestimmte Tätigkeiten ziehen bestimmte Personengruppen an, die ein bestimmtes Profil an Fähigkeiten, aber auch Schwächen mitbringen. Ein Standortleiter eines Standortes, an dem eine dreistellige Zahl an Mitarbeitern an der Entwicklung von Software arbeitete, beschrieb die Kultur seines Standortes mit den Worten „Big Bang Theory". Für diejenigen, die mit der gleichnamigen Fernsehserie nichts anfangen können: In dieser geht es um drei männliche, auf ihren naturwissenschaftlich/technischen Fachgebieten hochkompetente Figuren, die mit den Anforderungen des Lebens und allem was zwischenmenschliche Fähigkeiten verlangt, schnell überfordert sind. Und das stellen Sie sich jetzt nicht nur bei drei sondern bei über tausend Personen auf einem Haufen vor und dann wissen Sie, was der Standortleiter mit seiner Beschreibung meinte. Jetzt sind diejenigen, die sich mit allem Zwischenmenschlichen schnell überfordert fühlen, trotzdem nicht immun gegen die Effekte eines schlechten Arbeitsklimas, auch wenn sie wenig zu einem guten Klima beitragen. An dem Standort gibt es also einen grundsätzlichen Bedarf an Unterstützung im zwischenmenschlichen Umgang. Eine passend ausgewählte Mitarbeiterberatung kann ein sehr sinnvolles Instrument des BGM sein, um Einfluss auf das Miteinander und die Gesundheit der Mitarbeiter zu nehmen.

Wir alle wissen allerdings, dass Gesundheit und Leistungsfähigkeit Ihrer Mitarbeiter sich nicht alleine darüber bestimmen lassen, was bei der Arbeit passiert. Selbst wenn wir im Durchschnitt ein Drittel unserer täglich verfügbaren Zeit und rund die Hälfte unserer Wachzeit bei der Arbeit verbringen (Brauner & Wöhrmann, 2018), gibt es neben der Arbeit immer noch eine enorme Fülle an Faktoren, die die Gesundheit Ihrer Mitarbeiter beeinträchtigen. Ob es familiäre Probleme sind, Partnerschaftskonflikte, schlechte Schlafgewohnheiten etc. – all dies wirkt sich auf die Gesundheit und Leistungsfähigkeit aus und diese Faktoren entziehen sich dem Einflussbereich des BGM, nicht aber dem der Mitarbeiterberatung. Diese ist nämlich auch offen für private Probleme und ergänzt das BGM so über die betriebliche Sphäre hinaus.

7.3 Mitarbeiterberatung als Steuerungszentrale

Die Mitarbeiterberatung ist, sofern sie viel genutzt wird, nah an den Mitarbeitern dran und erfährt möglicherweise mehr über die Mitarbeiter, über ihre Schwierigkeiten, ihre gesundheitlichen Probleme, über ihren persönlichen Zustand, als irgendeine andere Stelle oder Person im Unternehmen. Teilweise pflegen auch Arbeitsmediziner ein solch enges Verhältnis zu den Mitarbeitern, oft genug ist die Arbeitsmedizin aber outgesourct und wird von wechselnden Personen betrieben. Viele Mitarbeiter suchen die Arbeitsmedizin auch nie auf, wenn sie keine verpflichtenden arbeitsmedizinischen Untersuchungen durchführen lassen müssen. Mit ihrem Vertrauensverhältnis zu den Mitarbeitern, kann eine gut frequentierte, themenoffene Mitarbeiterberatung zu einer zentralen Anlauf- und Koordinierungsstelle für Aktivitäten der betrieblichen Gesundheitsförderung werden.

„Ein Unglück kommt selten allein", lautet das Sprichwort und trifft im Gesundheitsbereich besonders häufig zu. Personen, die sich psychisch belastet fühlen, klagen sehr häufig auch über körperliche Beschwerden (siehe zum Beispiel Bair et al., 2003; Kroenke et al., 2007; Löwe et al., 2008). Besonders stark ist der Zusammenhang zwischen psychischer Belastung und Rückenschmerzen. Personen, die unter depressiven Symptomen leiden, sich also über längere Zeit bedrückt, traurig, hoffnungslos, niedergeschlagen fühlen, haben eine durchschnittlich viermal so hohe Wahrscheinlichkeit in der Folge auch starke Rückenschmerzen zu bekommen (Carroll et al., 2004). Personen, die unter depressiven Symptomen und unter Rückenschmerzen leiden, brauchen für beide Bereiche professionelle Hilfe und möglicherweise gibt es die in Ihrem Unternehmen sogar und ermöglicht Ihren Mitarbeitern einen schnellen und unkomplizierten Zugang. Leider stehen im Bereich der BGf oft viele Angebote nebeneinander, ohne dass die Anbieter voneinander wissen und aufeinander verweisen können. Die meisten Anbieter erbringen eine regelmäßige Leistung, ohne darüber hinaus in das Unternehmen eingebunden zu sein oder engeren Kontakt zu den Mitarbeitern pflegen zu können. Das ist bei der Mitarbeiterberatung anders. Die Mitarbeiterberatung kann, sofern sie wie in Kap. 5 beschrieben in das Unternehmen eingebunden wird, eine koordinierende Funktion übernehmen. Der Mitarbeiter, der wegen eines anderen Anliegens in die Beratung kommt, aber auch über Rückenschmerzen klagt, kann vom Berater in die Rückenschule überwiesen werden. Der Mitarbeiter, der wegen Schlafproblemen die Beratung aufsucht und gleichzeitig durchblicken lässt, dass er sich gerne gesünder ernähren würde, sich aber aufgrund der Schichtarbeit schwer damit tut, kann zu der internen Ernährungsberaterin geschickt werden. Vorausgesetzt, die Mitarbeiterberatung weiß über die weiteren BGf-Angebote Bescheid. Dann hat sie die Möglichkeit, statt dem Nebeneinander für ein Miteinander in der Betrieblichen Gesundheitsförderung zu sorgen und damit selbst nicht nur eine weitere Maßnahme zu sein, sondern die Nutzung und Wirksamkeit aller Maßnahmen zu steigern.

Literatur

Bair, M. J., Robinson, R. L., Katon, W., & Kroenke, K. (2003). Depression and Pain Comorbidity: A Literature Review. *Archives of Internal Medicine, 163*(20), 2433–2445. https://doi.org/10.1001/archinte.163.20.2433

Brauner, C., & Wöhrmann, A. M. (2018). 100 Jahre Achtstundentag—Historische Meilensteine und aktuelle Zahlen. *Bundesanstalt für Arbeitsschutz und Arbeitsmedizin (BAuA).* https://doi.org/10.21934/BAU

Carroll, L. J., Cassidy, D. J., & Côté, P. (2004). Depression as a risk factor for onset of an episode of troublesome neck and low back pain. *Pain, 107*(1), 134–139. https://doi.org/10.1016/j.pain.2003.10.009

Etkin, J., & Mogilner, C. (2016). Does Variety Among Activities Increase Happiness? *Journal of Consumer Research, 43*(2), 210–229. https://doi.org/10.1093/jcr/ucw021

Fernet, C., Guay, F., & Senécal, C. (2004). Adjusting to job demands: The role of work self-determination and job control in predicting burnout. *Journal of Vocational Behavior, 65*(1), 39–56. https://doi.org/10.1016/S0001-8791(03)00098-8

Kanfer, F. H., Reinecker, H., & Schmelzer, D. (2012). *Selbstmanagement-Therapie: Ein Lehrbuch für die klinische Praxis* (5. Aufl). Springer Medizin.

Kroenke, K., Spitzer, R. L., Williams, J. B. W., Monahan, P. O., & Löwe, B. (2007). Anxiety Disorders in Primary Care: Prevalence, Impairment, Comorbidity, and Detection. *Annals of Internal Medicine, 146*(5), 317–325. https://doi.org/10.7326/0003-4819-146-5-200703060-00004

Langelaan, S., Bakker, A. B., van Doornen, L. J. P., & Schaufeli, W. B. (2006). Burnout and work engagement: Do individual differences make a difference? *Personality and Individual Differences, 40*(3), 521–532. https://doi.org/10.1016/j.paid.2005.07.009

Löwe, B., Spitzer, R. L., Williams, J. B. W., Mussell, M., Schellberg, D., & Kroenke, K. (2008). Depression, anxiety and somatization in primary care: Syndrome overlap and functional impairment. *General Hospital Psychiatry, 30*(3), 191–199. https://doi.org/10.1016/j.genhosppsych.2008.01.001

Nübling, M., Stößel, U., Hasselhorn, H., Michaelis, M., & Hofmann, F. (2005). COPSOQ: Ein Instrument zur Messung psychischer Belastungen am Arbeitsplatz. *Das Gesundheitswesen, 67*(7), V60. https://doi.org/10.1055/s-2005-920554

Semmer, N. K., Zapf, D., & Dunkel, H. (1998). Instrument zur streßbezogenen Tätigkeitsanalyse ISTA. In H. Dunkel (Hrsg.), *Handbuch der Instrumente zur Arbeitsanalyse (S.179–204).* VdF Hochschulverlag.

Verknüpfung der Mitarbeiterberatung mit anderen Stellen

Menschen fühlen sich überfordert von der Vielzahl an Angeboten und Informationen, die ihnen zur Verfügung stehen. Um sich in der Flut von Möglichkeiten und Informationen trotzdem zurecht zu finden, verlassen sich Personen zunehmend auf die Empfehlungen von Menschen aus ihrem Umfeld (Schmitt et al., 2011). Nicht zuletzt wird die Empfehlung von einer als vertrauenswürdig angesehenen Person auch als der „Holy Grail of Marketing" bezeichnet (Kirkpatrick, 2011). Die Empfehlung von gut vernetzten Personen wird in Marketingkampagnen gezielt eingesetzt, um Menschen für den Kauf eines Produktes oder eine Dienstleistung zu begeistern – mit großem Erfolg (Hinz et al., 2011). Wenn Sie wissen, dass Sie in den Punkten A, B und Z mit einer Person gleicher Meinung sind oder die gleichen Vorlieben haben, dann sind sie auch gewollt zu glauben, dass C eine gute Sache ist, wenn Ihnen die Person das empfiehlt. Das ganze Influencertum auf Social Media Kanälen baut auf genau dieser Strategie auf. Influencer gewinnen die Sympathien und die Aufmerksamkeit ihrer Follower und empfehlen Produkte und Dienstleistungen. Weil die Follower dem Influencer Glauben schenken, sind sie häufig bereit der Empfehlung zu folgen. Und dieses Prinzip können Sie sich auch im Bereich der Mitarbeiterberatung zu Nutze machen, selbst wenn Ihre Firma auf keiner einzigen Social Media Plattform vertreten ist. Denn es geht nicht um schicke Instagram Posts oder provokative oder häufig retweetete Aussagen auf Twitter, sondern schlichtweg darum, dass bestimmte Personen in Ihrem Unternehmen die Mitarbeiterberatung an die Mitarbeiter empfehlen und diese dadurch häufig genutzt wird. Das sind im Optimalfall die Personen, die bei Ihren Mitarbeitern einen großen Einfluss haben, also die Influencer Ihres Unternehmens. Da aber nur Sie wissen wer das ist, behandeln wir in diesem Kapitel die Stellen in Unternehmen, die für gewöhnlich mit vielen Mitarbeitern zu tun und somit eine „einflussreiche" Stellung im Unternehmen haben. Das sind unserer Auffassung nach Personal-/Organisationsentwicklung, das Betriebliche Eingliederungsmanagement, die Personalverwaltung, die Arbeitsmedizin, die Arbeitssicherheit, die Führungsebene

© Der/die Autor(en), exklusiv lizenziert durch Springer Fachmedien Wiesbaden GmbH, ein Teil von Springer Nature 2022
R. Zieringer und P. Wehr, *Externe Mitarbeiterberatung*,
https://doi.org/10.1007/978-3-658-35523-4_8

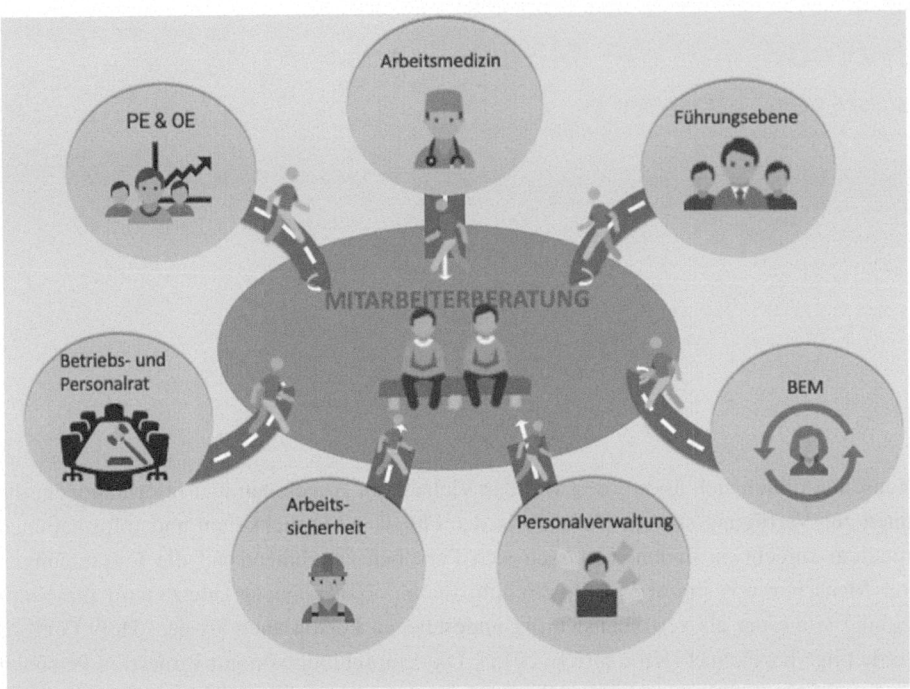

Abb. 8.1 Verknüpfung der Mitarbeiterberatung mit anderen Stellen im Unternehmen

und die Mitarbeitervertretung (siehe Abb. 8.1). Die Vertreter dieser Stellen haben auch gemeinsam, dass sie von einer Empfehlung zur Nutzung der Mitarbeiterberatung selbst profitieren können.

8.1 Personal- und Organisationsentwicklung

Die heutige Wissensgesellschaft, zunehmende Digitalisierung und Fachkräftemangel erfordern ständige Anpassung, Weiterbildung und Training der Mitarbeiter sowie der Organisation, damit Unternehmen wettbewerbsfähig bleiben. Kompetentes, gut ausgebildetes und flexibles Personal ist der wichtigste Faktor für ein starkes Unternehmen. Personal- und Organisationsentwicklung sind wichtige Stellschrauben im Unternehmen.

Die Personalentwicklung umfasst alle Qualifizierungs- und Weiterbildungsmaßnahmen, die Mitarbeiter für ihre Tätigkeit vorbereiten und trainieren. Personalentwicklungsmaßnahmen umfassen einerseits den Aufbau von Wissen und Kompetenzen, aber auch Verhaltensoptimierung, Persönlichkeitsentwicklung und der Aufbau von „Soft Skills" fallen darunter. Beispiele sind etwa Trainings, die die Mitarbeiter im Umgang mit der neuesten Software schulen oder Stressmanagementtrainings, in denen Mitarbeiter ihre persönlichen Stressoren identifizieren, Coping-Mechanismen aufbauen und lernen, besser mit Stress umzugehen.

Gerade in letzteren Bereichen ist der Übergang zu den Themen der Mitarbeiterberatung fließend und es kommen Dinge zur Sprache, die im Training nicht abschließend geklärt werden können. Personalentwicklungsmaßnahmen sind zumeist auf einen sehr kurzen Zeitrahmen beschränkt und lassen je nach Gruppensituation auch nur eine beschränkte Tiefe zu: In einem Training mit Mitarbeitern und Vorgesetzten werden beispielsweise Mitarbeiter nicht offen darüber sprechen, dass der Führungsstil ihres Vorgesetzten für sie die größte Stressquelle ist. In der Beratung hingegen kann das Thema problemlos thematisiert werden. Der Trainer tut, wenn er die unterschwellige Spannung wahrnimmt, also gut daran im Gespräch mit den Beteiligten an die Mitarbeiterberatung zu verweisen, in deren Rahmen möglicherweise auch ein Gespräch zwischen Vorgesetztem und Mitarbeiter möglich ist. Wenn persönliche Problemfelder aufgedeckt werden, wie zum Beispiel die Tendenz sich immer zu viel vorzunehmen, muss auch das nach dem 4- oder 8-stündigen Training nicht offen bleiben, sondern kann in der Beratung weiter thematisiert werden. Die Mitarbeiterberatung wird somit zum verlängerten Arm des Trainers und zu einer Fortsetzung der Entwicklungsmaßnahme.

Auch die Organisationsentwicklung – also die gezielte und systematische Umsetzung eines sozialen Wandels in Organisationen – ist ein entscheidender Faktor. Organisationsentwicklungsmaßnahmen sind zum Beispiel der Aufbau und die Veränderung von Kommunikations- und Teamstrukturen, Abläufen und Prozessen. Für die Organisationsentwicklung kann die Mitarbeiterberatung – wie in Kap. 5 beschrieben – ein weiterer Baustein sein. Die Mitarbeiterberatung lässt sich in Abläufe des Unternehmens integrieren, zum Beispiel indem festgelegt wird, dass besonders stressgefährdete Personen wie die Qualified Person in Pharmaunternehmen regelmäßig einen Termin bei der Beratung wahrnehmen, um frühzeitig Überlastung vorzubeugen. Die Mitarbeiterberatung ist also ein Teil, den Organisationsentwickler in ihren Abläufen und Prozessen einbauen können, um eine gesundheits- und leistungsförderliche Kultur in ihrem Unternehmen zu prägen.

Andersherum können auch in der Mitarbeiterberatung Themen auftauchen, die viele Mitarbeiter beschäftigen und daher den Einsatz einer Personalentwicklungsmaßnahme sinnvoll machen würden. Suchen etwa mehrere Mitarbeiter den Berater wegen Überforderung mit der Arbeit auf, kann dies ein Zeichen dafür sein, dass die Mitarbeiter nicht ausreichend für ihre Tätigkeit geschult sind, spezifische Skills oder Zeitmanagementkompetenzen fehlen. In einem solchen Fall kann die Mitarbeiterberatung (natürlich anonym) Rückmeldung an die Personalentwicklung geben, sodass hier gezielt Maßnahmen geplant werden können, die der Überforderung der Mitarbeiter entgegenwirken. Melden mehrere Mitarbeiter in der Beratung Belastungen durch schwierige Kunden, ist es sinnvoll, dass die Personalentwicklung ein Training zum Umgang mit anspruchsvollen Kunden einführt. Kommt in der Beratung zum Vorschein, dass eine häufige Quelle von Stress und

Verärgerung schlechte Kommunikation im Unternehmen ist, kann das Anlass zu einer Organisationsentwicklung sein.

8.2   Betriebliches Eingliederungsmanagement

Seit 2004 sind Arbeitsgeber laut §167 SGB IX verpflichtet ein betriebliches Eingliederungsmanagement durchzuführen. Diese Verpflichtung gilt gegenüber allen Arbeitnehmern, die innerhalb von 12 Monaten länger als 6 Wochen arbeitsunfähig sind. Dabei spielt es keine Rolle, ob der Arbeitnehmer diese Zeit am Stück oder über das Jahr verteilt gefehlt hat.

Das betriebliche Eingliederungsmanagements (BEM) soll die Beschäftigung sichern und erneute Arbeitsunfähigkeit verhindern. BEM ist also tertiäre Prävention, nämlich die Verhinderung eines Rückfalls in eine Erkrankung. Unternehmen benennen in der Regel einen BEM-Verantwortlichen, der mit dem nach der Erkrankung zurückgekehrten Mitarbeiter ein Gespräch führen kann. Die Betonung liegt auf „kann", denn der Mitarbeiter muss das Gesprächsangebot nicht annehmen, sondern kann sich freiwillig dazu entschließen. Ziel des Gespräches sollte es sein, Maßnahmen zu treffen, meistens technischer oder organisatorischer Natur, die den zurückgekehrten Mitarbeiter soweit entlasten, dass das Risiko eines erneuten Rückfalls verhindert wird. Beispielsweise kehrt ein Mitarbeiter nach einer längeren Arbeitsunfähigkeit aufgrund einer Depression wieder ins Unternehmen zurück. Für den Mitarbeiter wäre es rückfallgefährdend, wenn er sofort wieder die volle Arbeitsbelastung stemmen soll. Im BEM-Gespräch können BEM-Beauftragter und Mitarbeiter festlegen, wie ein langsamer Einstieg ohne sofortige volle Belastung aussehen kann. Anfangs könnte der Mitarbeiter nur einen Teil der früheren Aufgaben übernehmen und zudem weniger Stunden arbeiten, als das vor der Erkrankung der Fall war, um das Rückfallrisiko zu reduzieren. Das Ziel des BEM ist also die Verhältnisprävention, das Schaffen von Umständen im Unternehmen, die dazu beitragen, dass der Mitarbeiter möglichst gesund bleibt. Die Mitarbeiterberatung zielt hingegen auf das Verhalten der Mitarbeiter ab. Sie hilft den Mitarbeitern, gesundheitsförderliche Verhaltensweisen an den Tag zu legen.

Nun ist für einen nach einer Depression zurückgekehrten Mitarbeiter sowohl die Verhältnis- als auch die Verhaltensprävention zur Verhinderung eines Rückfalls wichtig. Im Bereich der Verhaltensprävention ist der Mitarbeiter nach einer Therapie gegebenenfalls noch in der Nachsorge, also nimmt noch regelmäßig Therapiestunden war. Trotzdem kann die Einbindung der Mitarbeiterberatung in diesen Prozess großen Nutzen stiften, denn die Berater kennen die Umstände und Gegebenheiten im Unternehmen besser als der Therapeut. Es macht also Sinn in einem solchen Fall, einen Berater zum BEM-Gespräch gleich hinzuziehen – die Einverständnis des Mitarbeiters vorausgesetzt. So kann thematisiert werden, wie die Gestaltung der Arbeit (Verhältnisse) und Selbstfürsorge (Verhalten) Hand in Hand gehen. Nur weil die offiziellen Arbeitsstunden reduziert sind zu Beginn der

Eingliederung, heißt das leider nicht, dass jeder Kollege und jeder Vorgesetzte das entsprechende Verständnis für die Erkrankung des Mitarbeiters hat. Im BEM-Gespräch kann dann auch thematisiert werden, wie der Mitarbeiter damit umgeht, wenn er mit Aufgaben und Anfragen bombardiert wird, die sich überhaupt nicht mit der verringerten Arbeitszeit in Einklang bringen lassen.

In der Regel sind BEM-Beauftragte keine geschulten Therapeuten und haben auch keinen Auftrag verhaltenspräventiv mit ihren Gesprächspartnern zu arbeiten. Wenn sie in den Gesprächen mit dem Mitarbeiter aber zunehmend merken, dass allein die Veränderung der Umstände keinen Effekt bringt, macht es Sinn auf die Mitarbeiterberatung zu verweisen, um auch das eigene Verhalten der neuen Situation anzupassen und einem Rückfall entgegenzuwirken. BEM-Beauftrage wiederum können auch auf die fachliche Expertise der Berater zurückgreifen, insbesondere wenn es um die Wiedereingliederung psychisch erkrankter Mitarbeiter geht. Psychische Erkrankung unterscheiden sich stark voneinander und Rückfälle lassen sich nicht allein durch die Reduktion des Arbeitsaufwandes verhindern. Bestimmte Erkrankungen machen ein gezieltes Vorgehen erforderlich, dass sich je nach Krankheitsbild unterscheidet. Hier können die Berater auch schulend tätig werden für die BEM-Verantwortlichen des Unternehmens und über die verschiedenen Risikofaktoren bei bestimmten Krankheitsbildern aufklären.

8.3 Personalverwaltung

Die Personalverwaltung übernimmt in Organisationen u. a. die folgenden Aufgaben:

- Vertragsgestaltung bei der Einstellung von Mitarbeitenden
- tarifliche Einstufung von Mitarbeitenden
- Personalakten anlegen, führen und verwalten
- den Schriftverkehr mit Krankenkassen, Behörden und Versicherungen führen
- Verwaltung der Urlaubsanspruches
- Erstellung der Gehaltsabrechnungen
- Mitarbeiterfehlzeiten bearbeiten
- Arbeitszeiten kontrollieren
- Erstellen von Arbeitszeugnissen in Zusammenarbeit mit der zuständigen Führungskraft
- Erstellung von Aufhebungsverträgen, Kündigungen oder die Entgegennahme von Kündigungen.

Erst einmal hört sich das vielleicht nicht nach einer Tätigkeit an, die viel und engen Mitarbeiterkontakt erfordert und insofern erscheint auch die Verbindung zur Mitarbeiterberatung zweifelhaft. In Großunternehmen ist das durchaus zutreffend und hier hat die Personalverwaltung wenig direkten Kontakt zu den Mitarbeitern. Im Extremfall hat das Unternehmen einen großen Teil der Personalverwaltungsaufgaben sogar auf Self-Service umgestellt. Die Mitarbeiter können also online die üblichen Anträge stellen, die automatisch verarbeitet werden und nur in Ausnahmefällen gibt es überhaupt Kontakt zu einer Person in der Personalverwaltung. Gerade in kleineren und mittelständischen Unternehmen geht die Personalverwaltung allerdings mit einem hohen Mitarbeiterkontakt einher, da dort wenige oder eine Person mit allen Aufgaben der Personalverwaltung betraut ist und die Mitarbeiter sich dort bei allen Fragen zur Arbeitszeit, zum Arbeitsvertrag, zur Urlaubsplanung hinwenden. Auch wenn diese Anfragen erst einmal sachlicher Natur sind, kommen dabei automatisch auch eventuelle Probleme zur Sprache und dies kann die Personalverwaltung nutzen, um einen Draht zur Mitarbeiterberatung herzustellen.

Stellt beispielsweise ein Mitarbeiter einen Antrag auf Sonderurlaub, dann begründet er diesen in der Regel. Ist der Grund zum Beispiel eine Beerdigung, ein Pflegefall oder die Krankheit eines Angehörigen, so kann die Personalverwaltung den Mitarbeitenden für die Genehmigung des Antrages zum Gespräch bitten, sich ehrlich nach dem persönlichen Wohlergehen erkundigen und anknüpfend an das Gespräch einen Experten der Mitarbeiterberatung empfehlen.

Stellt die Personalverwaltung bei der Erfassung und Auswertung der Fehlzeiten ein häufiges Fehlen eines Mitarbeiters fest und ist dies nicht ohnehin schon von der Führungskraft des Mitarbeiters angesprochen worden, so kann die Personalverwaltung den Mitarbeiter ebenfalls zum Gespräch bitten und gemeinsam versuchen zu erörtern, was die Ursache der hohen Fehlzeiten ist. Sollte die Summe der Krankheitstage 6 Wochen innerhalb der letzten zwölf Monate übersteigen, ist der Arbeitgeber aufgrund von §167 SGB IX ohnehin verpflichtet mit dem Mitarbeiter zusammen den Ursachen für das häufige Fehlen auf den Grund zu gehen. Aber auch bei weniger Fehltagen oder einem langen Ausfall am Stück spricht nichts dagegen ein Gespräch mit dem Mitarbeiter zu führen, um herauszufinden, wie der Arbeitgeber unterstützen kann. Wichtig ist bei einem solchen nicht gesetzlich vorgeschriebenen Gespräch natürlich, dass nicht der Eindruck entsteht, dass hier „Blaumacher" unter Druck gesetzt werden oder Mitarbeiter kontrolliert werden sollen, sondern dass von Seite der Geschäftsführung und der Personalverwaltung ein ernsthaftes Interesse an dem Wohl der Mitarbeitenden besteht. Wenn die Ursache des Fehlens mit einem gesundheitlichen oder persönlichen Problem zu tun hat kann an dieser Stelle die Mitarbeiterberatung übernehmen.

Wichtig für die Mitarbeitenden der Personalverwaltung, damit sie die Mitarbeiterberatung an den Mann oder die Frau bringen können, ist natürlich, dass sie wissen, wovon sie sprechen. Sollten Sie also in der Personalverwaltung Ihrer Organisation tätig sein und haben bereits eine Mitarbeiterberatung eingeführt, dann probieren Sie diese selber einmal aus, auch wenn sie gerade kein schwerwiegendes Problem haben. Dann suchen Sie sich einfach ein Thema an dem die persönlich arbeiten wollen (vielleicht reagieren sie ja sehr empfindlich auf Kritik oder sind schnell genervt und ungeduldig) und sprechen Sie mit einem Experten der Mitarbeiterberatung darüber. Idealerweise wenden sich Mitarbeitende an eine Mitarbeiterberatung bevor das Kind in den Brunnen gefallen ist und genau das leben Sie vor, wenn Sie die Beratung nutzen, ohne dass es Ihnen bereits sehr schlecht geht. Sie können auch nur Dinge wirklich überzeugend empfehlen, wenn Sie selber davon erzählen können (Oschatz & Marker, 2020). Reine Informationsweitergabe wird nur wenige, die es brauchen können, davon überzeugen die Beratung zu nutzen. Wenn Sie selbst Ihre Geschichte weitergeben können, wie Sie die Beratung genutzt haben und wie es Ihnen geholfen hat, dann wird auch Ihr Gegenüber die Beratung nutzen.

8.4 Arbeitsmedizin

In Deutschland haben Unternehmen nach der Verordnung zur Arbeitsmedizinischen Vorsorge (ArbMedVV) bestimmte Vorsorgeuntersuchungen bei den Beschäftigten durchzuführen. Bei bestimmten Tätigkeiten sind diese Vorsorgeuntersuchungen in regelmäßigen Abständen verpflichtend (zum Beispiel beim Umgang mit Gefahrstoffen wie Asbest oder beim Umgang mit bestimmten Krankheitserregern), in anderen Bereichen müssen sie auf freiwilliger Basis angeboten werden.

Nach dem Arbeitssicherheitsgesetz (ASiG) hat in Deutschland ein Unternehmen Betriebsärzte intern oder extern zu bestellen, wenn dies nach Unfall- und Gesundheitsgefahren, Mitarbeiterzahl und Betriebsorganisation erforderlich ist. Die nach dem ASiG bestellten Ärzte haben unter anderem die Aufgabe, den Arbeitgeber in den folgenden Angelegenheiten zu beraten:

- bei der Planung, Ausführung und Unterhaltung sozialer Einrichtung
- bei arbeitspsychologischen Fragen
- bei der Beurteilung der Arbeitsbedingungen

Außerdem ist es ihre Aufgabe die Ursache von arbeitsbedingten Erkrankungen zu untersuchen, die Ergebnisse auszuwerten und Maßnahmen zur Verhütung dieser Erkrankungen vorzuschlagen.

Damit ergeben sich eine Menge an Anknüpfungspunkten, inwiefern Arbeitsmedizin und Mitarbeiterberatung zusammenarbeiten und voneinander profitieren können. Wie in Kap. 3 dieses Buches angesprochen leiden jährlich mehr als 25% der Bevölkerung unter einen psychischen Erkrankung (Jacobi et al., 2014). Von diesen 25% nehmen aber nur 18,9% professionelle Hilfe in Anspruch (Mack et al., 2014). Der Großteil der psychischen Erkrankungen bleibt also unentdeckt und unbehandelt. Das liegt zum einen daran, dass Menschen denken, alleine mit dem Problem klarzukommen und klarkommen zu wollen (Andrade et al., 2014). Zum anderen haben viele Personen immer noch einen negativen Blick auf das Thema psychische Erkrankung und lehnen es ab für diesen Bereich ihrer Gesundheit professionelle Hilfe in Anspruch zu nehmen (Schnyder et al., 2017). Aufgrund eines körperlichen Problems zum Arzt zu gehen, ist hingegen kein mit Scham behaftetes Verhalten, und noch weniger wenn es sich um eine verpflichtende Vorsorgeuntersuchung handelt. Im Gespräch mit dem Arzt, bei dem es um ein körperliches Problem oder einfach nur eine Vorsorgeuntersuchung geht, kommen aber häufig Dinge zur Sprache, die abseits des Anlasses liegen, zum Beispiel private Probleme und psychische Belastungen. Ein eng getakteter Betriebsarzt hat in der Regel nicht die Kapazität psychosoziale Beratung mit den Untersuchten durchzuführen und kann aber sehr gut an die Mitarbeiterberatung verweisen.

Andersherum können die bei der Mitarbeiterberatung erhobenen Kennzahlen über Nutzung, Themenschwerpunkte der Beratung, Verbesserung des Gesundheitszustandes (siehe Kap. 6) wertvolle Informationen für die Arbeit der Betriebsmedizin sein, die den Arbeitgeber ja zu der Beurteilung der Arbeitsbedingungen beraten soll. Auch für die beratende Tätigkeit der Betriebsärzte in arbeitspsychologischen Fragen kann ein regelmäßiger Austausch mit der Mitarbeiterberatung von großem Nutzen sein. Berater stellen zunehmende Klagen über eine Arbeitsverdichtung oder ein schlechter werdendes Betriebsklima oder die chronische Müdigkeit aufgrund der Umstellung des Schichtsystems fest und melden diesen Sachverhalt an die Arbeitsmedizin zurück, sodass diese wiederum beratend für den Arbeitgeber tätig werden kann.

Da diese Art zu der Zusammenarbeit erfordert, dass die auch die persönliche „Chemie" zwischen Beratern und Arbeitsmedizin stimmt, sollte die Leitung der Arbeitsmedizin in die Auswahl des Anbieters einbezogen werden, was auch nach §3 Abs. 1a ASiG so vorgesehen ist.

8.5   Arbeitssicherheit

Nach dem Arbeitssicherheitsgesetz (ASiG) müssen Betriebe ab einer bestimmten Größe Fachkräfte für Arbeitssicherheit einstellen, die zusammen mit einem Betriebsarzt dafür sorgen, dass die Vorschriften zum Arbeitsschutz und zur Unfallverhütung im Betrieb umgesetzt und eingehalten werden. Aufgaben dieser Fachkräfte für Arbeitssicherheit (gemäß §6 ASiG) sind:

- Den Arbeitgeber und andere für Arbeitsschutz und Unfallverhütung verantwortliche Personen zu beraten,
- die Betriebsanlagen und technischen Arbeitsmittel sicherheitstechnisch zu überprüfen,
- die Durchführung von Arbeitsschutz und Unfallverhütung zu beobachten und zu kontrollieren, sowie
- durch Schulungen und Belehrungen dafür zu sorgen, dass sich alle Mitarbeiter an die vorgegebenen Regeln zum Arbeitsschutz und der Unfallprävention halten.

Die Fachkraft kann dabei entweder als Mitarbeiter im Unternehmen angestellt oder, was vor allem in kleinen Betrieben oft der Fall ist, als externer Berater hinzugezogen werden. Bei den Aufgaben, die im Rahmen der Arbeitssicherheit und Unfallverhütung bestehen, können ebenfalls Schnittstellen zur externen Mitarbeiterberatung auftreten.

Fällt beispielsweise bei der Tätigkeit auf, dass ein bestimmter Mitarbeiter gehäuft in Unfälle verwickelt ist, oft fahrig reagiert oder fahrlässig handelt, können tieferliegende Probleme wie Konzentrationsschwäche, Sorgen oder psychische Probleme dahinter liegen. In solchen Fällen sollte werden, ob möglicherweise tieferliegende Ursachen hinter den Vorkommnissen stecken könnten. Sollten sich entsprechende Anzeichen zeigen, kann gezielt der Hinweis gemacht werden, dass die externe Mitarbeiterberatung als Anlaufstelle für solche Probleme genutzt werden kann. Hier können eventuelle psychosoziale Probleme, Krisen, Sucht oder ähnliches dann auf vertraulicher Basis weiter behandelt werden.

Das Risiko besonders erschöpfter Mitarbeiter, in einen Arbeitsunfall verwickelt zu sein, ist mehr als doppelt so hoch als bei Mitarbeitern in guter Verfassung (Swaen, 2003). In den Sicherheitsunterweisungen sollte auf diesen Zusammenhang hingewiesen werden: „Wer sich erschöpft fühlt, ist gefährdet. Wer unter chronischer Erschöpfung leidet, sollte zu unserer Mitarbeiterberatung gehen."

Auch andersherum ist ein Austausch zwischen Mitarbeiterberatung und Arbeitssicherheit sehr konstruktiv. So kann es beispielsweise der Fall sein, dass vermehrt Probleme in der Mitarbeiterberatung an die Oberfläche kommen, die auf Probleme in der Arbeitssicherheit zurückzuführen sind. Leiden etwa viele Mitarbeiter unter ähnlichen gesundheitlichen Problemen, ist eine Weiterleitung dieses Befundes an die Fachkräfte für Arbeitssicherheit unbedingt erforderlich.

8.6   Führungsebene

Wie in Kap. 5 bereits beschrieben ist die Einbindung der Führungskräfte für den Erfolg der Mitarbeiterberatung unabdinglich. Das Gesundheitsverhalten der Führungskräfte und ihre Einstellung zum Thema Gesundheit, wirkt sich auf das Verhalten der Mitarbeiter aus: Wenn die Führungskraft häufiger krank zur Arbeit geht, fangen auch die Mitarbeiter an, das zu tun (Dietz et al., 2020). Im Positiven ist zu erwarten, dass wenn die Führungskraft die Mitarbeiterberatung unterstützt und sogar nutzt, auch die Mitarbeiter das häufiger tun werden. Schon auf diese Weise profitieren die Führungskräfte direkt von der Mitarbeiterberatung, denn die Nutzung der Beratung von einem Mitarbeiter aus ihrem Team, macht das Team resilienter und leistungsfähiger (vgl. zum Beispiel Lerner et al., 2015), steigert den Erfolg und die Zufriedenheit des Teams und dadurch auch der Führungskraft. Aber der Nutzen endet nicht da.

Die Mitarbeiterberatung kann die Führungskräfte auch direkt entlasten. Stellt die Führungskraft in Gesprächen mit den Mitarbeitern fest, dass es einem ihrer Mitarbeiter nicht gut geht, dem aber nicht schlechte Umstände, ein ungutes Teamklima oder ein ungesunder Führungsstil, sondern eine problematische Einstellung zugrunde liegt, kann sie den Mitarbeiter in die Beratung begleiten bzw. bitten eine Beratung in Anspruch zu nehmen. Empfundener Stress ist ja bei weitem nicht nur auf Umstände, sondern immer auch auf innere Einstellungen zurückzuführen, wie im berühmten Stressmodell von Lazarus und Folkman beschrieben (1984). Problematische Haltungen können zum Beispiel sein „ich muss alles perfekt machen", „ich muss alles schaffen", „ich muss es allen recht machen" oder „es müssen mich alle mögen". Gerade solche Stressursachen, können in der Beratung gut behandelt werden.

Die Führungskräfte haben durch die Mitarbeiterberatung auch die Chance sich in schwierigen Situationen Unterstützung an die Seite zu holen. Unvorhergesehene Ereignisse stellen für Führungskräfte eine besondere Belastung dar (Echterhoff, 2011). Das ist erstmal wenig verwunderlich, denn unvorhergesehene, negative Ereignisse stellen wohl für alle Menschen eine Belastung dar. Allerdings bekommen Führungskräfte besonders viel solcher unvorhergesehener Belastungen ab, von oben, von unten und von ihren Kollegen. Wenn plötzlich ein Mitarbeiter weinend zusammenbricht, wenn es einen Todesfall in der Abteilung gibt, wenn ein Mitarbeiter von dem einen auf den anderen Tag vollkommen verändert und distanziert erscheint – wie soll man damit umgehen? Was macht man am besten, wenn die Order kommt, dass die Abteilung aufgesplittet werden soll, Aufgaben umverteilt werden müssen und die Teams in ihrer derzeitigen Konstellation nicht mehr zusammenarbeiten werden? In solchen Situation hilft die Beratung zunächst sich selbst zu sortieren und Prioritäten und Vorgehensweise festzulegen. Auch der eigene Umgang mit der Situation und die eigene Belastung kann in der Beratung besprochen werden, was zur Entlastung führt. Gerade im Umgang mit psychisch belasteten oder erkrankten Mitarbeitern wird die fachliche Unterstützung durch die Beratung besonders hilfreich sein. Wie helfe ich einem Mitarbeiter, der an Depression erkrankt ist und wieder zurück bei der Arbeit ist, dass er keinen Rückfall in die Krankheit erleidet? Wie verhalte ich mich, wenn ich es nicht genau weiß, sondern nur vermute? Keine dieser Fragen lässt sich pauschal, sondern nur im Einzelfall beantworten und dann ist es enorm hilfreich auf die Expertise einer Fachperson zurückgreifen zu können.

8.7   Betriebs- und Personalrat

Betriebs- und Personalräte haben in Deutschland eine Fülle an Aufgaben und Befugnissen, die durch das Betriebsverfassungsgesetz (BetrVG) bzw. das Bundespersonalvertretungsgesetz (BPersVG) festgelegt werden. Während in privatwirtschaftlichen Unternehmen das BetrVG gilt, ist für die öffentliche Verwaltung das BPersVG maßgebend. Entsprechend werden Mitarbeitervertreter in der Privatwirtschaft Betriebsräte und in der öffentlichen Verwaltung Personalräte genannt. In Österreich und in der Schweiz gibt es mit Arbeitsverfassungsgesetz und dem Mitwirkungsgesetz ähnliche Regelungen. Zusammenfassend sprechen wir im Folgenden von der Mitarbeitervertretung.

Die Mitarbeitervertretung hat in Deutschland laut §87 Abs. 1, Nr. 8 BetrVG oder §75 Abs. 3 Nr. 5 BPersVG über die Einrichtung von Sozialeinrichtungen mitzubestimmen, worunter auch eine externe Mitarbeiterberatung fällt. *Wenn eine Mitarbeitervertretung*

existiert, muss diese also auf jeden Fall miteinbezogen werden, wenn eine Mitarbeiter-
beratung eingeführt werden soll!

Darüber hinaus hat die Mitarbeitervertretung folgende Befugnisse, die eine große Rolle bei der Zusammenarbeit mit einer Mitarbeiterberatung spielen:

- **Information,** z. B. muss der Arbeitgeber die Mitarbeitervertretung mit zum Gespräch lassen, wenn ein Arbeitnehmer erfahren möchte, auf welche Art und Weise seine Leistung beurteilt wurde und welche Entwicklungsmöglichkeiten es für ihn im Unternehmen gibt.
- **Anhörung,** sprich die Mitarbeitervertretung muss ihren Standpunkt gegenüber dem Arbeitgeber äußern dürfen, wenn eine Person gekündigt werden soll.
- **Vorschlagsrecht,** z. B. wenn es darum geht, wie eine Person mit Schwerbehinderung trotzdem in die Arbeitsabläufe integriert werden kann.
- **Beratung,** z. B. kann die Mitarbeitervertretung dem Arbeitgeber Vorschläge machen, in welchen Teilen der Organisation mehr Mitarbeiter benötigt werden.
- **Mitbestimmung,** z. B. bei der Aufstellung eines Sozialplans bei Betriebsänderungen, wenn also Mitarbeiter aufgrund der wirtschaftlichen Lage des Unternehmens das Unternehmen verlassen müssen.
- **Zustimmung,** z. B. bei der Gestaltung von Fragebögen, die an die Mitarbeiter gehen sollen.
- **Initiativrecht,** z. B. kann die Mitarbeitervertretung die Veränderung von Arbeitsumständen verlangen, die der menschengerechten Arbeit widersprechen.
- **Vetorecht,** z. B. wenn der Arbeitgeber eine Person umgruppieren, also auf eine andere Stelle versetzen will, kann die Mitarbeitervertretung dem widersprechen.

Damit ergibt sich eine ganze Reihe an Möglichkeiten, wie die Mitarbeiter*vertretung* auch zu ihrem eigenen Vorteil mit einer Mitarbeiter*beratung* zusammenarbeiten kann. Auch hier ist wieder das Prinzip von Verhältnis- und Verhaltensprävention (wie in Kap. 3 beschrieben) wichtig. Während die Mitarbeiter*vertretung* von ihrer rechtlichen Grundlage gesehen viel mit Aufgaben der Verhältnisprävention befasst ist, also wie die Arbeit gestaltet wird und wie mit den Arbeitnehmern umgegangen wird, ist die Mitarbeiter*beratung* vorwiegend auf der Verhaltensebene tätig, die aber nicht auf den beruflichen Bereich beschränkt ist. Die Mitarbeiter*beratung* kann also Mitarbeitern helfen mit schwierigen Umständen, beruflich wie privat, besser umzugehen und so die Gesundheit zu erhalten, während die Mitarbeiter*vertretung* formell sich zumindest auf die Veränderung der Umstände konzentriert. Praktisch sieht es in vielen Fällen natürlich anders aus und die Mitarbeiter*vertretung* ist auch ein Ansprechpartner für Mitarbeiter mit privaten oder beruflichen Problemen, die sich nicht durch eine Veränderung der Arbeitsumstände beheben lassen. Insbesondere in diesen Fällen ist es für die Mitglieder der Mitarbeiter*vertretung* nützlich eine Beratungsstelle im Rücken zu haben, wenn sie psychologischen oder rechtlichen Rat gebrauchen können, um den Problemen der Mitarbeiter angemessen begegnen zu können. Allein aufgrund der oben beschriebenen Befugnisse sind die Mitglieder der Mitarbeiter*vertretung* nah den Mitarbeitern dran, weshalb sie auch schnell Probleme bei den Mitarbeitern erkennen und diese auf die Beratung hinweisen können.

Ist die Mitarbeitervertretung bei einem Gespräch anwesend, wo der Mitarbeiter die Gründe für seine schlechte Leistungsbeurteilung erfahren möchte, kommt es nicht selten vor, dass sich im oder nach dem Gespräch herausstellt, dass ein persönliches Problem, nicht etwa ein ungerechtes Beurteilungsschema, der Minderleistung zugrunde liegt. Da die Mitarbeiter*vertretung* ja nicht einseitig nur den Mitarbeitern verpflichtet ist, sondern auch vermittelnd zwischen den Mitarbeitern und dem Arbeitgeber wirken soll, liegt es nahe den Mitarbeiter auf die Möglichkeit der Beratung aufmerksam zu machen, um zu Grunde liegende Probleme zu bearbeiten. Auf Wunsch des Mitarbeiters kann ein Mitglied der Mitarbeiter*vertretung* auch mit in die Beratung kommen und die erste Scheu im Umgang mit der Beratung helfen zu überwinden.

Auch andersherum, kann es für die Mitarbeiter*vertretung* nützlich sein immer wieder von der Mitarbeiter*beratung* zu erfahren, ob gehäuft Themen auftreten, wie zum Beispiel die Überlastung aufgrund zu vieler und zu unterschiedlicher Aufgaben, die auf Organisationsebene verändert werden können.

Literatur

Andrade, L. H., Alonso, J., Mneimneh, Z., Wells, J. E., Al-Hamzawi, A., Borges, G., Bromet, E., Bruffaerts, R., de Girolamo, G., de Graaf, R., Florescu, S., Gureje, O., Hinkov, H. R., Hu, C., Huang, Y., Hwang, I., Jin, R., Karam, E. G., Kovess-Masfety, V., … Kessler, R. C. (2014). Barriers to mental health treatment: Results from the WHO World Mental Health surveys. *Psychological Medicine, 44*(6), 1303–1317. https://doi.org/10.1017/S0033291713001943

Dietz, C., Zacher, H., Scheel, T., Otto, K., & Rigotti, T. (2020). Leaders as role models: Effects of leader presenteeism on employee presenteeism and sick leave. *Work & Stress, 34*(3), 300–322. https://doi.org/10.1080/02678373.2020.1728420

Echterhoff, M. (2011). *Führung und Gesundheit: Welchen Einfluss nehmen Führungskräfte auf die gesundheitsförderlichen bzw. Gesundheitsbelastenden Arbeitsbedingungen der Beschäftigten für sich selbst wahr,* Dissertation, Universität Bielefeld. https://pub.uni-bielefeld.de/download/248 6393/2486397/Dissertation_Echterhoff_BieSOn-Fassung.pdf

Hinz, O., Skiera, B., Barrot, C., & Becker, J. U. (2011). Seeding Strategies for Viral Marketing: An Empirical Comparison. *Journal of Marketing, 75*(6), 55–71. https://doi.org/10.1509/jm.10.0088

Jacobi, F., Höfler, M., Siegert, J., Mack, S., Gerschler, A., Scholl, L., Busch, M. A., Hapke, U., Maske, U., Seiffert, I., Gaebel, W., Maier, W., Wagner, M., Zielasek, J., & Wittchen, H.-U. (2014). Twelve-month prevalence, comorbidity and correlates of mental disorders in Germany: The Mental Health Module of the German Health Interview and Examination Survey for Adults (DEGS1-MH). *International Journal of Methods in Psychiatric Research, 23*(3), 304–319. https://doi.org/10.1002/mpr.1439

Kirkpatrick, D. (2011). *The Facebook effect: The inside story of the company that is connecting the world.* Simon & Schuster Paperbacks.

Lazarus, R. S., & Folkman, S. (1984). *Stress, appraisal, and coping* (11. Aufl.). Springer.

Lerner, D., Adler, D. A., Rogers, W. H., Chang, H., Greenhill, A., Cymerman, E., & Azocar, F. (2015). A randomized clinical trial of a telephone depression intervention to reduce employee presenteeism and absenteeism. *Psychiatric Services, 66*(6), 570–577.

Mack, S., Jacobi, F., Gerschler, A., Strehle, J., Höfler, M., Busch, M. A., Maske, U. E., Hapke, U., Seiffert, I., Gaebel, W., Zielasek, J., Maier, W., & Wittchen, H.-U. (2014). Self-reported utilization of mental health services in the adult German population - evidence for unmet needs? Results of the DEGS1-Mental Health Module (DEGS1-MH): Utilization of Mental Health Services in Germany. *International Journal of Methods in Psychiatric Research, 23*(3), 289–303. https://doi.org/10.1002/mpr.1438

Oschatz, C., & Marker, C. (2020). Long-term Persuasive Effects in Narrative Communication Research: A Meta-Analysis. *Journal of Communication, 70*(4), 473–496. https://doi.org/10.1093/joc/jqaa017

Schmitt, P., Skiera, B., & Van den Bulte, C. (2011). Referral Programs and Customer Value. *Journal of Marketing, 75*(1), 46–59. https://doi.org/10.1509/jm.75.1.46

Schnyder, N., Panczak, R., Groth, N., & Schultze-Lutter, F. (2017). Association between mental health-related stigma and active help-seeking: Systematic review and meta-analysis. *British Journal of Psychiatry, 210*(4), 261–268. https://doi.org/10.1192/bjp.bp.116.189464

Swaen, G. M. H. (2003). Fatigue as a risk factor for being injured in an occupational accident: Results from the Maastricht Cohort Study. *Occupational and Environmental Medicine, 60*, 88–92. https://doi.org/10.1136/oem.60.suppl_1.i88

Beratungsansätze in der Mitarbeiterberatung 9

Wenn Sie schon einmal Therapie oder Beratung in Anspruch genommen haben, möglicherweise bei verschiedenen Anbietern, dann wissen Sie, dass es große Unterschiede gibt. Nicht nur in der Qualität, sondern auch in der Art und Weise wie Beratung durchgeführt wird. Diese Unterschiedlichkeit ist grundsätzlich positiv, denn der eine Beratungsansatz gefällt der einen Person, der anderen aber nicht und umgekehrt. Deshalb sind in der von den Krankenkassen finanzierten psychotherapeutischen Versorgung auch vier verschiedene Therapieverfahren zugelassen (siehe Kap. 3, Richtlinientherapie). In der Beratung, die im Gegensatz zu den Therapieverfahren nicht gesetzlich reguliert ist, gibt es noch eine viel größere Anzahl an Ansätzen und Verfahren. Dieses Kapitel soll Ihnen ein Grundverständnis der häufigsten Beratungsansätze ermöglichen und Ihnen einen Eindruck verschaffen, was in der Beratung geschieht.

In einer Marktstudie über die Anbieter von Mitarbeiterberatung in Deutschland wurden über 30 verschiedene Beratungsansätze genannt, nach denen die Anbieter arbeiten. Die meisten der 143 Anbieter, die eine Angabe zu Ihrem Beratungsansatz machten, beschränken sich nicht auf einen Ansatz, sondern greifen auf mehrere zurück (Zieringer, 2020). Die am häufigsten genannten Beratungsansätze sehen Sie in Tab. 9.1.

Der mit Abstand am häufigsten genannte Beratungsansatz ist die systemische Beratung, mit großem Abstand gefolgt von dem lösungs-/ressourcenorientierten und verhaltens-/kognitionspsychologischen Ansatz. Aufgrund der weiten Verbreitung dieser Ansätze, werden wir in diesem Kapitel uns auf diese Ansätze beschränken. Dabei handelt es sich um Beispiele, die wir aufgrund der weiten Verbreitung gewählt haben, nicht weil sie notwendigerweise den anderen Ansätzen überlegen wären.

Wichtig vorweg: Die systemische Beratung ist ein weites Feld mit einer Mischung aus sehr unterschiedlichen Ansätzen und der lösungsorientierte Ansatz ist ein Teil der systemischen Beratung, der besonders häufig angewendet wird. Auch beim Begriff Lösungsorientierte Beratung muss man achtsam sein. Eigentlich steht dieser Begriff für

© Der/die Autor(en), exklusiv lizenziert durch Springer Fachmedien Wiesbaden GmbH, ein Teil von Springer Nature 2022
R. Zieringer und P. Wehr, *Externe Mitarbeiterberatung*,
https://doi.org/10.1007/978-3-658-35523-4_9

Beratungsansatz	Häufigkeit der Nennung
1. Systemisch	65,0 %
2. Lösungs- und/oder ressourcenorientiert	19,6 %
3. Kognitions- und verhaltenspsychologisch	12,6 %
4. Hypnotherapeutisch	11,2 %
5. Gestalttherapeutisch	10,5 %
6. Neuro-Linguistisches Programmieren (NLP)	7,7 %
7. Eye Movement Desensitization and Reprocessing (EMDR)	6,3 %

Tab. 9.1 Die am häufigsten genannten Beratungsansätze, auf die EAP-Anbieter in Deutschland zurückgreifen; viele Anbieter nennen mehrere Ansätze

eine bestimmte Art von Beratung mit speziellen Grundannahmen und Fragetechniken. Viele Berater beanspruchen aber gerne für sich „lösungsorientiert" zu beraten, auch wenn sie ihren eigenen Beratungsansatz verfolgen und gar nicht auf die Fragetechniken der Lösungsorientierten Kurzzeitberatung zurückgreifen, wie wir sie in diesem Kapitel beschreiben. Das ist per se kein Problem, aber etwas, das sie im Hinterkopf behalten sollten, wenn Sie mit einer Person über ihren Beratungsansatz sprechen.

9.1 Systemische Beratung

Die systemische Beratung ist ein weiter Raum mit vielen verschiedenen Ansätzen (für eine umfassende Einführung, siehe Schlippe & Schweitzer, 2016). Gemeinsam ist den Ansätzen aber, dass sie nicht nur auf den Menschen schauen, der sich beraten lässt, sondern auch das zwischenmenschliche Geflecht, oder „System", in dem er sich bewegt. Systemiker gehen davon aus, dass das Verhalten eines Menschen, auch wenn es kontraproduktiv wirkt, Sinn macht, wenn man es in dem System betrachtet, in dem sich der Mensch bewegt. Ist eine Person ständig niedergeschlagen und kritisch gegenüber den eigenen Leistungen wirkt das zunächst unsinnig. Warum sollte man seine eigenen Leistungen ständig selber schlecht reden anstatt sich an den Ergebnissen zu freuen? Sinnvoll wird dieses Verhalten, sobald man versteht, dass die niedergeschlagene Person immer dann Unterstützung und Herzlichkeit von der Familie und vom Partner erfährt, wenn sie niedergeschlagen ist. Sobald es ihr scheinbar gut geht, bekommt sie wenig Beachtung und Fürsorge. Die Niedergeschlagenheit erfüllt also einen bestimmten Sinn. Auch gehen Systemiker davon aus, dass Beziehungssysteme zu einem Zustand hintendieren, in dem sie ausgeglichen sind, also die beteiligten Personen mehr oder weniger mit dem Zustand zurechtkommen. Verhält die niedergeschlagene Person sich jetzt plötzlich anders und ist gar nicht mehr niedergeschlagen, bringt das das System durcheinander und auch die anderen Beteiligten müssen sich plötzlich anders verhalten. Das stößt auf Widerstand, den die niedergeschlagene Person erst einmal überwinden muss. Zuletzt geht man in der systemischen Beratung davon aus, dass die „Wirklichkeit" konstruiert ist, es also immer nur ein subjektiv gefärbtes Bild von der Wirklichkeit gibt, das sich von Person zu Person in dem gleichen System stark unterscheiden kann. Der Berater akzeptiert, dass der Klient Experte für seine Wirklichkeit ist, hilft ihm aber dieses Bild von der Wirklichkeit zu erweitern. Wenn die erwähnte Person also denkt, „andere sind nur nett zu mir, wenn es mir schlecht geht", dann kann der Berater die Person dazu ermutigen, diese subjektive Wirklichkeit zu hinterfragen und ein anderes Verhalten zu testen.

In einem Unterbereich der systemischen Beratung, der Lösungsorientierten Beratung, die in der Mitarbeiterberatung häufig angewendet wird, werden diese Prinzipien etwas leichter greifbar.

9.2 Lösungsorientierte Kurzzeitberatung

Die Lösungsorientierte Kurzzeitberatung basiert auf wenigen, einfachen Grundprinzipien (De Shazer et al., 2007):

- Was nicht kaputt ist, versuche nicht zu reparieren ("If it isn't broken, don't fix it.").
- Wenn es funktioniert, mach mehr davon ("If it works, do more of it.").
- Wenn es nicht funktioniert, versuch etwas anderes ("If it is not working, do something different").

Greifbar werden diese Grundprinzipien in den Beratungstechniken der Lösungsorientierten Beratung, die wir Ihnen in Übersicht 9.1 zusammengestellt haben.

Übersicht 9.1

Beispiele von Techniken der Lösungsorientierten Beratung (Steenbarger, 2012):

Die Veränderungen vor Beginn der Beratung: „Seitdem wir den Termin für die Beratung vereinbart haben, was hat sich an Ihrem Problem verändert?". Diese Frage geht, davon aus, dass Mitarbeiter sich dann melden, wenn die Belastung durch ein Problem am höchsten ist, die Belastung aber bis zum Beginn der Beratung nicht so bleibt, weil Systeme, inklusive dem eigenen Organismus, zu einem ausgeglichenen Zustand tendieren. Die Wahrscheinlichkeit, dass es der Person seit der Kontaktaufnahme schon ein kleines bisschen besser geht ist also hoch. Nun finden Berater und Mitarbeiter raus, was der Mitarbeiter getan hat, dass es ihm schon ein kleines bisschen besser geht und schauen, ob er mehr davon machen kann.

Die Wunderfrage: "Über Nacht kommt die Fee, während Sie schlafen, und löst Ihr Problem. Am nächsten Morgen wachen Sie auf, Sie wissen aber nicht, dass die Fee da war. Woran würden Sie merken, dass Ihr Problem gelöst ist?". Diese Frage soll Klienten helfen, eine klare Vorstellung von Ihrem Wunschzustand zu entwickeln. Häufig haben Klienten unklare Vorstellungen, wissen nur, dass es anders sein soll als wie es ist. Um wirksam etwas verändern zu können, ist es aber unerlässlich zu wissen, wo die Veränderung hinführen soll.

Skalierungsfragen: „Wenn 10 der bestmögliche Zustand und 0 der schlechteste Zustand ist, wo sehen Sie sich aktuell mit Ihrem Problem?". Die wenigsten Personen antworten auf diese Frage mit „0". Daraufhin stellt der Berater die Frage: „Wie kommt es, dass Sie nicht 0 gesagt haben? Was sorgt im Moment dafür, dass es besser als 0 ist?". Diese Frage fokussiert auf die Ressourcen des Klienten, also was ihm auch in der schwierigen aktuellen Situation hilft und über Wasser hält. Zum einen wird dadurch klar, was nicht verändert werden sollte, zum anderen ergeben sich Ideen von was der Klient noch mehr machen könnte, so dass er auf der Skala noch weiter nach oben rutscht.

Suche nach Ausnahmen: „Sie schildern die Situation so, dass Sie im Moment überhaupt nicht vorankommen. Sie wissen nicht wie Sie etwas verändern können. Aber gab es in der Vergangenheit denn schon einmal Situationen, in denen es anders war, wo Sie das Gefühl hatten, dass es ein kleines bisschen besser war?". Diese Technik hilft dem Klienten den Blick vom Problem und den gescheiterten Lösungsversuchen abzuziehen und stattdessen nach Lösungsmöglichkeiten zu suchen, mit denen er in der Vergangenheit ähnliche Situationen bewältigt hat.

219 Studien zur Effektivität dieses Ansatzes zeigen, dass die Lösungsfokussierte Beratung von ihrer Wirksamkeit vergleichbar mit anderen evidenzbasierten Verfahren ist (Steenbarger, 2018). Auch wenn sich die Beratung meist nur auf wenige Stunden beschränkt, ist sie für die Klienten sehr hilfreich. Für eine umfassende Einführung in die Lösungsfokussierte Beratung empfiehlt sich zum Beispiel das Buch von Günter Bamberger (Bamberger, 2015).

9.3   Die Kognitions- und verhaltenspsychologische Beratung (KVB)

Die Kognitions- und verhaltenspsychologische Beratung (KVB) nutzt Techniken aus der Kognitiven Verhaltenstherapie, einem sehr wirksamen und weit verbreiteten Therapieverfahren, das auch zu den vier zugelassenen Therapieverfahren gehört, die in Deutschland von der Krankenkasse bezahlt werden. Der Grundsatz der KVB lautet:

Nicht die Dinge selbst sind das Problem, sondern unsere Sicht der Dinge
Das bedeutet aber nicht, dass in der KVB Probleme weg diskutiert werden und so getan wird, als gäbe es sie gar nicht. Man geht stattdessen davon aus, dass eine neue Sicht der Dinge, auch neue Problemlösungen zu Tage fördern wird.

In der KVB geht man von einer klaren Abfolge des Verhaltens aus (Beck et al., 2012): Spezifische Situation führen zu automatischen Gedanken, diese lösen Emotionen aus, die zu einer körperlichen Reaktion und schließlich zum Verhalten führen. Stellen Sie sich eine Person vor, die einen Vortrag hält. Die Person nimmt eine Zuhörerin war, die die Stirn runzelt. „Der gefällt scheinbar nicht, was ich hier sage. Die wird bestimmt gleich meine Aussagen in Frage stellen", denkt sie sich. Die Person fängt an sich ängstlich zu fühlen, ihr Adrenalinspiegel steigt, sie kann sich nicht mehr konzentrieren und fängt an sich zu verhaspeln. Nun kann ein Stirnrunzeln viele Dinge bedeuten. Vielleicht war die Zuhörerin überrascht über eine neue Information. Oder sie war geistig abwesend, dachte an eine andere Situation und hat deswegen die Stirn gerunzelt. Oder sie hat gerade auf ihr Smartphone geschaut und eine unerfreuliche Nachricht bekommen. Sei es ein Stirnrunzeln oder etwas anderes, fast alle Menschen werden durch bestimmte Reize, getriggert. Die darauf folgenden Gedanken sind häufig gar nicht bewusst und werden Klienten in der Beratung erst im Nachhinein klar. Deswegen tragen sie den Namen „automatische Gedanken". Ziel der KVB ist es, dem Klienten zu helfen diese Gedanken möglichst schnell zu erkennen, die Gedanken auf ihren Wahrheitsgehalt zu überprüfen und letztlich zu entschärfen. Beispiele von Techniken, die dafür zum Einsatz kommen, finden Sie in Übersicht 9.2.

Übersicht 9.2
Beispiele von Techniken in der KVB (Beck et al., 2012, S. 54):
   Psychoedukation: Die Tatsache, dass unsere Gedanken unsere Gefühle und unser Verhalten beeinflussen, ist Klienten zwar nicht neu, wie sie diese Tatsache sich zu Nutze machen können, aber schon. Zu Beginn der Beratung hilft der Berater dem Klienten deshalb möglichst anhand vom Klienten geschilderter Situationen, den Zusammenhang zwischen seinen automatischen Gedanken und seinen Gefühlen und seinem Verhalten in diesen Situationen zu verstehen. Häufig wird der Klient aufgefordert bis zur nächsten Sitzung darauf zu achten, welche Situationen welche Gedanken beim ihm verursachen.
   Gedankentagebuch: Das Gedankentagebuch ist ein wesentliches Instrument, um die eigenen Gedanken zu hinterfragen und negativen Gedanken die Macht über die eigenen Gefühle und das eigene Verhalten zu entziehen. Am Anfang machen Berater und Klient diese Übung zusammen, im Laufe der Beratung lernt der Klient aber immer mehr seine automatischen Gedanken auch ohne Anleitung des Beraters zu hinterfragen. Im Gedankentagebuch hält der Klient stichpunktartig eine belastende Situation fest: Was er in der Situation gedacht hat und wie er sich gefühlt hat. Dann

wird der Gedanke systematisch hinterfragt. Was spricht dafür, dass die Zuhörerin, die die Stirn gerunzelt hat, wirklich den Vortrag schlecht fand? Was spricht dagegen? Was passiert, wenn Sie diesem Gedanken glauben (- > Sie fühlen sich ängstlich und werden nervös). Diese Art des Hinterfragens führt häufig zu einer deutlichen Entlastung bei den Klienten und zu einer emotionalen Erleichterung, die Energie für aktives Problemlösen freisetzt.

Verhaltensexperimente: „Wenn Sie beim nächsten Mal Zuhörer bei einem Vortrag sind, dann schauen Sie bitte einmal in Richtung des Referenten und runzeln Sie leicht die Stirn und beobachten Sie wie der Referent reagiert." Solche Arten von Experimenten helfen Klienten nicht nur theoretisch ihre Gedanken zu hinterfragen, sondern auch praktisch zu erleben, wie (ihre) Gedanken ihr Verhalten und ihre Gefühle beeinflussen und wie sie grundlegende Veränderungen durch die Veränderungen ihrer Gedanken und ihres Verhaltens herbeiführen können.

Visualisierung: Gedanken kommen nicht immer in der Form von Worten, sondern häufig auch in der Form von Bildern oder „Filmen", also konkreten Vorstellungen wie Situationen ablaufen werden. Die Mitarbeiterin sieht sich den Vortrag beenden und die Zuhörerin, die zwischendurch die Stirn gerunzelt hat, die Hand heben und mit einem strengen Gesicht eine kritische Frage stellen. Die Mitarbeiterin sieht sich selbst, wie sie unsicher vor den Zuhörern steht, vor sich hin stammelt und nicht auf die Frage antworten kann. In der Beratung leitet der Berater die Klientin dazu an, dieses (angsterregende) Bild zu beschreiben und anschließend zu verändern. „Wie könnte die Situation nach dem Vortrag noch aussehen?", „Wie könnte die Zuhörerin sich am Ende noch verhalten?".

Bei der KVB handelt es sich um einen hoch effektiven Beratungsansatz (Beck et al., 2012), der wie die Lösungsfokussierte Beratung auf einen weites Spektrum an Anliegen angewendet werden kann. Für eine umfassende Einführung in diesen Beratungsansatz empfiehlt sich beispielsweise das Buch „Stress Counselling" von Albert Ellis, einem der beiden Urväter dieses Ansatzes (Ellis et al., 2003).

Die hier geschilderten Beratungsansätze werden in der Praxis allerdings fast nie ganz strikt voneinander getrennt eingesetzt. Systemische Berater greifen auch auf Techniken der KVB zurück und Vertreter der KVB betrachten selten nur ihren Klienten, sondern auch das Beziehungsgeflecht, in dem er sich bewegt. Die Kombination mehrerer, auch hier nicht genannter Ansätze, ist gut möglich und ermöglicht dem Berater individuell auf die Besonderheiten seines Klienten einzugehen. Dem einen mag der KVB Ansatz zu theoretisch wirken, die andere findet den Lösungsfokussierten Ansatz zu platt und plakativ. Für beide sind aber jeweils einzelne Techniken aus den unterschiedlichen Ansätzen hilfreich, auf die ein Berater mit einem breiteren Sortiment an Beratungsansätzen zurückgreifen kann. Aber Vorsicht: Mehr ist nicht immer besser. Wenn eine Person angibt, mehrere vollkommen unterschiedliche Beratungsansätze zu beherrschen, oder ein Anbieter angibt, dass seine Berater alle mehrere Beratungsansätze beherrschen, sollten Sie skeptisch werden. Es mag Personen geben, die 10 Sprachen fließend sprechen können, aber die meisten Menschen sprechen nur 1–2 Sprachen und bei jeder weiteren Sprache verfügen sie maximal über Grundkenntnisse. Einen Beratungsansatz wirklich „sprechen" zu können, ist eine komplexe Angelegenheit, und jeder Anbieter sollte Ihnen nennen können, welche „Muttersprache" seine Berater sprechen und welche anderen „Sprachen" eventuell noch hinzukommen.

Literatur

Bamberger, G. G. (2015). *Lösungsorientierte Beratung: Praxishandbuch: Mit E-Book inside und Arbeitsmaterial* (5. Aufl.). Beltz.

Beck, J. S., Bieling, P. J., & Grant, V. V. (2012). Cognitive Therapy. In M. J. Dewan, B. N. Steenbarger, & R. P. Greenberg (Hrsg.), *The art and science of brief psychotherapies: An illustrated guide* (2. Aufl., S. 45–81). American Psychiatric Pub.

De Shazer, S., Dolan, Y. M., & Korman, H. (2007). *More than miracles: The state of the art of solution-focused brief therapy*. Haworth.

Ellis, A., Gordon, J., Neenan, M., & Palmer, S. (2003). *Stress Counselling: A Rational Emotive Behaviour Approach*. SAGE Publications.

von Schlippe, A., & Schweitzer, J. (2016). *Lehrbuch der systemischen Therapie und Beratung I: Das Grundlagenwissen*. Vandenhoeck + Ruprecht.

Steenbarger, B. N. (2012). Solution-Focused brief therapy—Doing what works. In M. J. Dewan, B. N. Steenbarger, & R. P. Greenberg (Hrsg.), *The art and science of brief psychotherapies: An illustrated guide* (2. Aufl., S. 121–155). American Psychiatric Publications.

Steenbarger, B. N. (2018). Solution-Focused brief therapy – building strengths – achieving goals. In M. J. Dewan, B. N. Steenbarger, & R. P. Greenberg (Hrsg.), *The art and science of brief psychotherapies: A practitioner's guide* (3. Aufl., S. 199–218). American Psychiatric Association Publishing.

Zieringer, R. (2020). Whitepaper zu EAP. https://www.zieringerconsulting.com/eap-whitepaper

Mitarbeiterberatung hat einen wirtschaftlichen Nutzen – das zeigen die zahlreichen Studien, um die sich dieses Kapitel dreht. Natürlich muss man bei allen Studien immer berücksichtigen, in welchem Kontext (in welchem Land, welchem Unternehmen etc.) sie durchgeführt wurden und die Ergebnisse lassen sich auch nicht eins zu eins auf Ihr Unternehmen übertragen. Dennoch sind sie ein „Proof of Concept" und zeigen, dass eine Mitarbeiterberatung positive Auswirkungen auf für Unternehmen wichtige Kennzahlen – Präsentismus, Fehlzeiten, Arbeitsunfälle, Fluktuation – hat. Wie positiv die Auswirkungen in Ihrem Unternehmen sind, müssen Sie natürlich selber messen und nachvollziehen. Dabei helfen Ihnen die Kennzahlen aus Kap. 6. Diese geben Ihnen auch ein feingliedrigeres Bild des Zustandes und Nutzens Ihrer Beratung, als dass die in diesem Kapitel vorgestellten Studien tun. Diese beschäftigen sich überwiegend mit was wir in Kap. 6 als den über dem Wasser liegenden Teil des Eisberges bezeichnet haben. Es sind also die späteren, positiven Auswirkungen, die sich zeigen, wenn eine Mitarbeiterberatung bei den Mitarbeitern angekommen ist, akzeptiert und genutzt wird.

10.1 Auswirkungen einer Mitarbeiterberatung auf die Gesundheit der Mitarbeiter

Die Verbesserung der Gesundheit der Mitarbeiter ist der Ausgangspunkt aller Veränderungen auf organisatorischer Ebene wie den Fehlzeiten, der Fluktuation, der Produktivität und auch der Unfälle. Wir gehen davon aus, dass die Veränderungen in diesen Bereichen hauptsächlich auf die Veränderungen der Gesundheit der Mitarbeiter zurückzuführen sind (im Gegensatz zum Beispiel zur Veränderung der Zufriedenheit mit der Arbeit). Diese Annahme wird durch die aktuelle Studien, die aus dem Forschungsprojekt der Employee

© Der/die Autor(en), exklusiv lizenziert durch Springer Fachmedien
Wiesbaden GmbH, ein Teil von Springer Nature 2022
R. Zieringer und P. Wehr, *Externe Mitarbeiterberatung*,
https://doi.org/10.1007/978-3-658-35523-4_10

Assistance Research Foundation hervorgegangen sind, bestätigt (Nunes et al., 2018; Richmond et al., 2016, 2017). Dort gingen die Veränderungen von Fehlzeiten (Nunes et al., 2018) und Präsentismus (Richmond et al., 2017) mit der Veränderung der psychischen Gesundheit einher (Richmond et al., 2016). Auch andere Studien bestätigen den positiven Effekt im Rahmen von externer Mitarbeiterberatung, zum Beispiel auf die depressive Symptomatik von Mitarbeitern (Hargrave & Hiatt, 2008). 66 % aller Mitarbeiter in dieser Studie, die die Beratung aufsuchten, wiesen mindestens moderate depressive Symptome auf, nach der Beratung waren es deutlich weniger als die Hälfte. Indes berichteten 88 % der Befragten, dass sich das Problem, mit dem sie die Beratung aufgesucht hatten, verbessert habe. Auch Angstsymptome, Gefühle von Aggression, Zwangsgedanken und Suchtproblematiken reduzieren sich merklich.

In einer weiteren Studie eines Anbieters einer externen Mitarbeiterberatung wurden 321 Klienten zu Beginn der Beratung und einen Monat später befragt (Greenwood et al., 2006). Sie wurden entsprechend dem Schweregrad ihrer Beeinträchtigung durch psychische Probleme in vier Gruppen unterteilt. Zudem wurde ein Teil der Stichprobe (n = 47) vom Arbeitgeber angehalten aufgrund von Problemen die Mitarbeiterberatung zu nutzen. Es zeigte sich, dass Angestellte mit starker Beeinträchtigung überproportional von der Nutzung der Mitarbeiterberatung profitierten. Zwar ließen sich keine signifikanten Unterschiede zwischen verschiedenen Altersgruppen feststellen, allerdings gab es eine Tendenz dahingehend, dass jüngere Angestellte stärker profitierten. Die positive Wirkung der Mitarbeiterberatung war unabhängig von der Anzahl der Beratungsstunden (was wiederum für eine angemessene „Dosierung" durch Berater spricht). Insgesamt berichteten die Nutzer der Mitarbeiterberatung über eine signifikant bessere Lebensqualität (weniger Suchtprobleme, bessere soziale Beziehungen, weniger Angst- und Depressionssymptome, besseres „Funktionieren" im Alltag).

In der bereits erwähnten Studie von Richmond et al. (2016) sanken die Werte für Depressivität und Ängste bei den Nutzern der Beratung innerhalb eines halben Jahres um jeweils rund 30 %, während sie bei Personen, die ähnliche Ausgangswerte hatten innerhalb des halben Jahres nur um rund 15 % sanken. Dieser Vergleich mit einer Kontrollgruppe zeigt also, dass die Beratung Mitarbeitern deutlich schneller und besser hilft wieder gesünder zu werden, als wenn die Mitarbeiter auf sich alleine gestellt sind. Das wiederum wirkt sich natürlich positiv auf die Produktivität aus.

10.2 Steigerung der Produktivität und Senkung der Präsentismus

Wie Kap. 3 bereits im Detail ausgeführt, bezeichnet Präsentismus die krankheitsbedingt eingeschränkte Leistung von Arbeitnehmern an ihrem Arbeitsplatz. Präsentismus geht unweigerlich mit betrieblichen Produktionseinbußen einher.

Die in Studien nachgewiesene Präsentismusquote von circa 70–90 % verdeutlicht, dass der Großteil der Belegschaft mindestens einmal innerhalb eines Jahres krank arbeitet, obwohl sie sich eigentlich hätten krankschreiben lassen müssen (Hansen & Andersen, 2008; Pohling et al., 2016). Jährlich spiegelt sich das in durchschnittlich 6,3 Präsentismustagen wider (Hirsch et al., 2017). Dadurch entstehen Produktivitätsverluste von 2399 € pro Person und Jahr für deutsche Unternehmen (Maar et al., 2011). Hochgerechnet auf alle Arbeitnehmer eines Unternehmens sind das bedenklich hohe Verluste.

Studien zeigen deutliche Produktivitätssteigerungen (Lerner et al., 2015; Richmond et al., 2017) und entsprechend assoziierte Kosteneinsparungen durch eine Mitarbeiterberatung. Dies hält auch bis zu 12 Monate nach Abschluss der Beratung an (Hargrave & Hiatt, 2008), ist also kein kurzes Strohfeuer. Studien gehen von einer Senkung des Präsentismus um 30 % (Selvik et al., 2004), beziehungsweise einer Steigerung der Produktivität von 36 % (Morneau Shepell, 2014) aus, individuell für jeden Mitarbeiter, der die Beratung genutzt hat (durch die Nutzung eines Mitarbeiters steigert sich logischerweise nicht die Produktivität des ganzen Unternehmens um 36 %, sondern dieses Mitarbeiters).

Die neuesten Ergebnisse der Wirksamkeit von Mitarbeiterberatung stellt eine von der Employee Assistance Research Foundation finanzierte Studie dar (Richmond et al., 2017): Mit 156 teilnehmenden öffentlich Bediensteten im Bundesstaat Colorado, welche die Beratung in Anspruch nahmen, wurde zu Beginn und zum Abschluss eine Befragung durchgeführt. Die Vergleichsgruppe bildeten 188 Kollegen der Klienten, die sich in den wesentlichen Eigenschaften ähnelten (z. B. Geschlecht, Alter, Bereitschaft soziale Unterstützung in Anspruch zu nehmen, Depressionswerte). Im Ergebnis konnte der Präsentismus der Klienten um 21 % verringert werden. Die Mitarbeiter, die ähnliche Probleme hatten, die Beratung aber nicht nutzten, wiesen zum Ende der Untersuchung hingegen deutlich höhere Präsentismus Werte auf.

In einer weiteren Untersuchung wurden knapp 80.000 Klienten zu Beginn und Ende der Beratung befragt (Morneau Shepell, 2014). Die **Produktivität** der Nutzer der Mitarbeiterberatung **steigerte sich um knapp 36 %.**

Die wahrscheinlich hochwertigste Studie im Bereich Mitarbeiterberatung kommt zu dem Ergebnis, dass sich die gesundheitsbedingten Leistungseinschränkungen von Beginn bis Ende der Beratung sogar um 44 % reduzierten (Lerner et al., 2015). Eine Vergleichsgruppe an Personen aus dem gleichen Unternehmen, die nicht auf die Mitarbeiterberatung zurückgreifen, aber ansonsten Hilfe im öffentlichen Gesundheitssystem oder bei anderweitigen Gesundheitsangeboten des Arbeitgebers aufsuchen konnte, zeigte nur einen Leistungsgewinn von 11 %. Nicht nur führte die Mitarbeiterberatung also zu einem Leistungsgewinn, sondern dieser war auch noch 33 % höher, als wenn die Mitarbeiter andere Angebote nutzten.

10.3 Senkung der Fehlzeiten durch Mitarbeiterberatung

Fehlzeiten erhalten innerhalb des betrieblichen Gesundheitsmanagements eine besondere Bedeutung. Dies ist einerseits auf den in den letzten beiden Dekaden verzeichneten deutlichen Anstieg der durchschnittlichen Fehltage und darüber hinaus auf die immensen Kosten des zeitweisen Produktionsausfalls durch Arbeitsunfähigkeit zurückzuführen (BAuA, 2019; Grobe & Bessel, 2020). Von 2006 bis 2015 stiegen die Fehltage von 11,4 auf 15,4 pro Arbeitnehmer und Jahr und schwanken seitdem um diesen Wert, mit ebenfalls 15,4 Fehltagen im Jahre 2019 (Grobe & Bessel, 2020). Mit den für das Berichtsjahr 2018 von der Bundesanstalt für Arbeitsschutz und Arbeitsmedizin (BAuA) benannten Produktionsausfallkosten je Arbeitnehmer und Jahr (2.081 €) und je AU-Tag (119 €) ist das hochgerechnet auf das eigene Unternehmen eine kostspielige Angelegenheit. Für kleinere Betriebe liegen diese Kosten mit 200–400 € je AU-Tag noch einmal deutlich über dem Durchschnitt (BAuA, 2007). Demnach können längere krankheitsbedingte Ausfallzeiten auch schnell existenzgefährdend sein. Eine Mitarbeiterberatung wirkt diesem Risiko entgegen, denn Mitarbeiterberatungen reduzieren Fehlzeiten, wie zahlreiche Studien gut belegen können (Blaze-Temple & Howat, 1997; Morneau Shepell, 2014; Richmond et al., 2017; Rost et al., 2004; Selvik et al., 2004; The Hartford Group, 2007). Die in den Studien berichtet Reduktion der Fehlzeiten reichte von 4 % (The Hartford Group, 2007) bis 62 % (Selvik et al., 2004). Diese hohe Bandbreite erklärt sich dadurch, dass sich die Untersuchungseinheiten der Studien unterscheiden. Die Studie des großen amerikanischen Versicherers The Hartford Group (2007) betrachtet Unternehmen, die über eine Mitarbeiterberatung verfügen. Unternehmen mit Mitarbeiterberatung hatten einen 4 % niedrigeren Krankenstand oder 2 Fehltage pro Mitarbeiter pro Jahr weniger als Unternehmen ohne Mitarbeiterberatung, aber nur wenn die Mitarbeiterberatung auch entsprechend genutzt wurde. Die Studie von Selvik et al. (2004) betrachtete den einzelnen Mitarbeiter, der die Beratung aufsuchte und dessen Fehlzeiten sich nach Nutzung der Beratung im Durchschnitt um 62 % verringerten. Wenn Sie diese Reduktion der individuellen Fehlzeiten wieder runterbrechen auf die Gesamtfehlzeiten ihres Unternehmens, liegen die beiden Studien mit ihren Ergebnissen wahrscheinlich gar nicht so weit voneinander entfernt. Andere Studien kommen zu einer durchschnittlichen Reduktion der Fehltage im Bereich von 20 % bis 30 % (Blaze-Temple & Howat, 1997; Michie, 1996; Nadolski & Sandonato, 1987; Richmond et al., 2017; Rost et al., 2004; Smith & Mahoney, 1989). Dass die Ergebnisse der Studien so variieren sollte einen eigentlich nicht überraschen, denn die Studien wurden ja mit verschiedenen Anbietern durchgeführt und dass es erhebliche Qualitätsunterschiede zwischen den Anbietern gibt, haben wir in Kap. 4 ausführlich beschrieben.

Wichtig zu erwähnen ist noch, dass eine gute Mitarbeiterberatung langfristig die Fehltage ihrer Nutzer reduziert, weil sie bei den Nutzern zu einer langfristigen, positiven Veränderung führt. Die Studie von Yandrick (1992) zeigte, dass sich die AU-Tage kontinuierlich nach Abschluss der Beratung reduzierten.

10.4 Senkung der Fluktuation durch eine Mitarbeiterberatung

Fluktuation bezeichnet allgemein sämtliche innerhalb einer bestimmten Periode gezählten Personalabgänge einer Organisation (vgl. Uhle & Treier, 2019). Im Jahr 2017 lag der Fluktuationskoeffizient bei 33 % (Bundesagentur für Arbeit, 2018). Das bedeutet, dass ein Drittel aller Beschäftigungsverhältnisse neu begonnen oder beendet wurde. Insgesamt weisen laut einer 2014 durchgeführten Umfrage 70 % der befragten Arbeitnehmer nur eine geringe Bindung zu ihrem Unternehmen auf, von denen sich wiederum fast 20 % nach einem Arbeitsplatz umschauen oder aktiv suchen (Nink, 2017). Gründe dafür sind die Belastung am Arbeitsplatz, die allgemeine Arbeits(un)zufriedenheit oder die Qualität der Führung (Böhm et al., 2017; Brence et al., 2019). Unabhängig des Motivs muss jedoch besonders die finanzielle Tragweite von Fluktuation hervorgehoben werden: Bei Organisationen mit weniger als 100 Mitarbeitern verursacht jeder ungewollte Mitarbeiterabgang durchschnittlich Kosten in Höhe von 13.705 €. Bei Unternehmen mit mehr als 1000 Mitarbeitern sind es sogar durchschnittlich 17.159 € (Brence et al., 2019). Eine ziemlich kostspielige Angelegenheit, vor allem wenn man bedenkt, dass der Fluktuationsquotient 2018 bei rund 33 % lag.

Die Mitarbeiterberatung hat einen positiven Effekt auf die Fluktuation in Unternehmen und geht mit einer 11 % (Bruhnsen, 1994) bis 22 % (Hughes et al., 2004) höheren Bindungsquote einher.

Bruhnsen (1994) untersuchte mehrere Jahre nach deren Einführung eine Mitarbeiterberatung für die Angestellten eines Krankenhauses auf deren ökonomischen Nutzen. Es zeigte sich, dass die Nutzer der Mitarbeiterberatung dem Krankenhaus länger erhalten blieben als der Rest der Angestellten: Sieben Jahre später arbeiteten noch 62 % der Nutzer der Mitarbeiterberatung im Krankenhaus, während es in der Vergleichsgruppe lediglich 51 % waren.

In der Studie von Hughes et al. (2004) wurde Angestellten der Mount Sinai Krankenhäuser mit Alkohol- oder Drogenproblemen mehrere Beratungsstunden nach Abschluss ihrer eigentlichen Behandlung angeboten (Hughes et al., 2004). Als Kontrollgruppe dienten Angestellte mit Alkohol-/Drogenproblemen, die nur Behandlung in Anspruch genommen hatten, aber keine unterstützende Nachfolgeberatung durch die Mitarbeiterberatung erhielten. Ein Jahr nach Beginn der Beratung waren noch 93 % derjenigen, die mehr als fünf Beratungsstunden in Anspruch genommen hatten und lediglich 61 % derjenigen, die keine Beratungsstunden in Anspruch nehmen konnten bei Mount Sinai beschäftigt.

Eine Studie von Caillier (2016) untersuchte darüber hinaus, ob sich Mitarbeiterunterstützungsprogramme positiv auf die Mitarbeiterfluktuation in der öffentlichen Verwaltung auswirken. Tatsächlich zeigte sich, dass allein die Zufriedenheit mit dem Angebot, unabhängig davon ob Mitarbeiter es genutzt hatten oder nicht, die Fluktuation verringerte. Behörden, in denen die Mitarbeiter also zufriedener mit den vorhandenen Mitarbeiterunterstützungsprogrammen waren, hatten eine geringere Fluktuation.

10.5   Senkung der Arbeitsunfälle durch eine Mitarbeiterberatung

Das Wissenschaftliche Instituts der AOK (WidO) berichtet, dass im Jahr 2018 3,0 % der Arbeitsunfähigkeitsfälle (AU-Fälle) und 5,8 % der AU-Tage auf Arbeitsunfälle zurückzuführen waren (M. Meyer et al., 2019). In kleineren Betrieben kommt es wesentlich häufiger zu Arbeitsunfällen als in größeren Unternehmen. Auch die durchschnittliche Dauer unfallbedingter Arbeitsunfähigkeit ist in kleineren Betrieben höher (Betriebe mit 10–49 AOK-Mitgliedern: 23,6 Tage vs. Betriebe mit 100–499 AOK-Mitgliedern: 21,9 Tage), was möglicherweise durch schwerere Unfälle begründet ist (M. Meyer et al., 2019). Je nach Wirtschaftszweig variiert die Zahl der Arbeitsunfälle natürlich. Die meisten Arbeitsunfälle verzeichnete 2018 das Baugewerbe mit 88 Arbeitsunfällen je 1.000 Versicherten, dicht gefolgt von der Land- und Forstwirtschaft mit 84 Arbeitsunfällen je 1.000 Versicherten (M. Meyer et al., 2019).

Firmen mit einer Mitarbeiterberatung weisen jedoch eine niedrigere Unfallrate auf als Firmen ohne Mitarbeiterberatung. Besonders stark zeigt sich dieser Effekt in der Produktions- und Logistikbranche (Waehrer et al., 2016). Waehrer und Kollegen nutzten Daten von 1405 Unternehmen (entspricht ca. 1 Mio. Angestellten) des Bureau of Labor Statistics in den USA über die Unfallrate in Unternehmen und das Vorhandensein einer Mitarbeiterberatung. Dabei wurden die Unfallraten von Unternehmen *mit* und *ohne* Mitarbeiterberatung, die sich aber ansonsten hinsichtlich Unternehmensgröße, Branche, soziographischer Struktur und Vergütung stark ähnelten, verglichen. In Produktions- und Logistikunternehmen ging eine Mitarbeiterberatung mit 15 % bzw. 37 % niedrigeren Unfallraten im Vergleich zu ähnlichen Unternehmen einher, die keine Mitarbeiterberatung hatten. Diese Zahlen beziehen sich auf Unfälle, die zu Arbeitsausfall führten. In Bezug auf Unfälle, die keinen Arbeitsausfall herbeiführten, reduzierte sich die Unfallrate um bis zu 14 % im Vergleich zu ähnlichen Unternehmen. Letztere Zahl galt übrigens unabhängig von der Branche, in der die Unternehmen tätig waren.

In Kombination mit anderen Maßnahmen zur Stressreduktion führte eine Mitarbeiterberatung sogar zur einer Verringerung der verlorenen Arbeitstage aufgrund von Unfällen um zwei Drittel (Steffy et al., 1986) im Vorher-Nachher Vergleich. Für die Mitarbeiter besonders positiv: Auch die Unfallschwere ging im Durchschnitt zurück. Somit kann eine Mitarbeiterberatung helfen, Unfälle vollständig zu vermeiden oder zumindest die Schwere der Unfälle abzumindern.

Literatur

BAuA. (2007). *Mit Sicherheit mehr Gewinn: Wirtschaftlichkeit von Gesundheit und Sicherheit bei der Arbeit*. Bundesanstalt für Arbeitsschutz und Arbeitsmedizin (BAuA). https://www.baua.de/DE/Angebote/Publikationen/Praxis/A14.pdf?__blob=publicationFile

BAuA. (2019). *Sicherheit und Gesundheit bei der Arbeit – Berichtsjahr 2018: Unfallverhütungsbericht Arbeit*. Bundesanstalt Für Arbeitsschutz Und Arbeitsmedizin (BAuA). https://www.baua.de/DE/Angebote/Publikationen/Berichte/Suga-2018.html

Blaze-Temple, D., & Howat, P. (1997). Cost benefit of an Australian EAP. *Employee Assistance Quarterly, 12*(3), 1–24. https://doi.org/10.1300/J022v12n03_01

Böhm, S., Baumgärtner, M. K., Breier, C., Brzykcy, A., Kaufmann, F., Kreiner, P. G., Kreissner, L., & Loki, B. (2017). *Lebensqualität und Lebenszufriedenheit von Berufstätigen in der Bundesrepublik Deutschland: Ergebnisse einer repräsentativen Studie der Universität St. Gallen.* Universität St. Gallen. https://www.alexandria.unisg.ch/252057/2/Lebensqualität%20und%20L ebenszufriedenheit%20von%20Berufstätigen%20in%20der%20Bundesrepublik%20Deutsch land%20Ergebnisse%20einer%20repräsentativen%20Studie%20der%20Universität%20St.% 20Gallen%202017.pdf

Brence, F., Nowshad, A., Wallner, R., & Bauer, C. (2019). *Fluktuation und deren Auswirkung auf Unternehmen: Eine Studie von Deloitte Österreich.* Deloitte Consulting GmbH. https://www2.del oitte.com/content/dam/Deloitte/at/Documents/consulting/at-deloitte-fluktuationsstudie-2019.pdf

Bruhnsen, K. (1994). Michigan study shows EAP clients use less sick leave, stay longer. *EAPA Exchange, 24*(8), 11–27.

Bundesagentur für Arbeit. (2018). *Der Arbeitsmarkt in Deutschland 2017.* Statistik der Bundesagentur für Arbeit. https://statistik.arbeitsagentur.de/Statistikdaten/Detail/201712/ama/heft-arbeitsma rkt/arbeitsmarkt-d-0-201712-pdf.pdf?__blob=publicationFile

Caillier, J. G. (2016). Does Satisfaction With Family-Friendly Programs Reduce Turnover? A Panel Study Conducted in U.S. Federal Agencies. *Public Personnel Management, 45*(3), 284–307. https://doi.org/10.1177/0091026016652424

Greenwood, K. L., Deweese, P., & Inscoe, P. S. (2006). Demonstrating the value of EAP Services: A focus on clinical outcomes. *Journal of Workplace Behavioral Health, 21*(1), 1–10. https://doi. org/10.1300/J490v21n01_01

Grobe, T., & Bessel, S. (2020). *Gesundheitsreport 2020—Arbeitsunfähigkeiten.* Techniker Krankenkasse. https://www.tk.de/resource/blob/2081662/6382c77f2ecb10cc0ae040de07c6807f/ges undheitsreport-au-2020-data.pdf

Hansen, C. D., & Andersen, J. H. (2008). Going ill to work – What personal circumstances, attitudes and work-related factors are associated with sickness presenteeism? *Social Science & Medicine, 67*(6), 956–964. https://doi.org/10.1016/j.socscimed.2008.05.022

Hargrave, G. E., & Hiatt, D. (2008). The EAP Treatment of Depressed Employees – Implications for Return on Investment. *Journal of Workplace Behavioral Health, 19*(4), 39–49. https://doi.org/10. 1080/15555240802242999

Hirsch, B., Lechmann, D. S. J., & Schnabel, C. (2017). Coming to work while sick: An economic theory of presenteeism with an application to German data. *Oxford Economic Papers, 69*(4), 1010–1031. https://doi.org/10.1093/oep/gpx016

Hughes, D., Elkin, C., & Epstein, I. (2004). Long-term counseling: A feasibility study of extended follow-up services with high risk EAP-clients. *Journal of Employee Assistance, 24*(1), 15–18.

Lerner, D., Adler, D. A., Rogers, W. H., Chang, H., Greenhill, A., Cymerman, E., & Azocar, F. (2015). A randomized clinical trial of a telephone depression intervention to reduce employee presenteeism and absenteeism. *Psychiatric Services, 66*(6), 570–577. https://doi.org/10.1176/ appi.ps.201400350

Maar, C., Fricke, R., Hildebrandt, N., & Drechsler, M. (2011). *Vorteil Vorsorge: Die Rolle der betrieblichen Gesundheitsvorsorge für die Zukunftsfähigkeit des Wirtschaftsstandortes Deutschland.* Felix Burda Stiftung in Zusammenarbeit mit Booz & Company. https://www.felix-burda-stiftung.de/sites/default/files/documents/Studie_FBS_Booz_Vorteil_Vorsorge_2011.pdf

Meyer, M., Maisuradze, M., & Schenkel, A. (2019). Krankheitsbedingte Fehlzeiten in der deutschen Wirtschaft im Jahr 2018 – Überblick. In B. Badura, A. Ducki, H. Schröder, J. Klose, & M. Meyer (Hrsg.), *Fehlzeiten-Report 2019* (S. 413–477). Springer. https://doi.org/10.1007/978-3-662-59044-7_27

Michie, S. (1996). Reducing absenteeism by stress management: Valuation of a stress counselling service. *Work & Stress, 10*(4), 367–372. https://doi.org/10.1080/02678379608256814

Morneau Shepell. (2014). *The return on investment for Employee and Family Assistance Programs.* http://www.morneaushepell.com/sites/default/files/documents/3115-return-investment-employee-and-family-assistance-programs/9979/roiefapmorneaushepell.pdf

Nadolski, J. N., & Sandonato, C. E. (1987). Evaluation of an employee assistance program. *Journal of Occupational medicine, 29*(1), 32–43.

Nink, M. (2017). *Engagement Index Deutschland 2016* [Pressegespräch]. https://www.steauf.de/wp-content/uploads/2017/11/Gallup-Engagement-Index-2016.pdf

Nunes, A. P., Richmond, M. K., Pampel, F. C., & Wood, R. C. (2018). The Effect of Employee Assistance Services on Reductions in Employee Absenteeism. *Journal of Business and Psychology, 33*(6), 699–709. https://doi.org/10.1007/s10869-017-9518-5

Pohling, R., Buruck, G., Jungbauer, K.-L., & Leiter, M. P. (2016). Work-related factors of presenteeism: The mediating role of mental and physical health. *Journal of Occupational Health Psychology, 21*(2), 220–234. https://doi.org/10.1037/a0039670

Richmond, M. K., Pampel, F. C., Wood, R. C., & Nunes, A. P. (2016). Impact of Employee Assistance Services on Depression, Anxiety, and Risky Alcohol Use: A Quasi-Experimental Study. *Journal of Occupational and Environmental Medicine, 58*(7), 641–650. https://doi.org/10.1097/JOM.0000000000000744

Richmond, M. K., Pampel, F. C., Wood, R. C., & Nunes, A. P. (2017). The impact of employee assistance services on workplace outcomes: Results of a prospective, quasi-experimental study. *Journal of Occupational Health Psychology, 22*(2), 170–179. https://doi.org/10.1037/ocp0000018

Rost, K., Smith, J. L., & Dickinson, M. (2004). The effect of improving primary care depression management on employee absenteeism and productivity a randomized trial. *Medical Care, 42*(12), 1202–1210.

Selvik, R., Stephenson, D., Plaza, C., & Sugden, B. (2004). EAP impact on work, relationship, and health outcomes. *Journal of Employee Assistance, 34*(2), 18–22.

Smith, D. C., & Mahoney, J. J. (1989). *McDonnel Douglas Corporation employee assistance program financial offset study.* CEAP Conference, Baltimore, Maryland.

Steffy, B. D., Jones, J. W., Murphy, L. R., & Kunz, L. (1986). A demonstration of the impact of stress abatement programs on reducing employees' qccidents and their costs. *American Journal of Health Promotion, 1*(2), 25–32. https://doi.org/10.4278/0890-1171-1.2.25

The Hartford Group. (2007). *Healthier, more productive employees: A report on the real potential of employee assistance programs (EAP).* The Hartford Group. http://www.mktraining.sk/files/Studia_EAP_3.pdf

Uhle, T., & Treier, M. (2019). *Betriebliches Gesundheitsmanagement: Gesundheitsförderung in der Arbeitswelt - Mitarbeiter einbinden, Prozesse gestalten, Erfolge messen.* Springer Fachmedien.

Waehrer, G. M., Miller, T. R., Hendrie, D., & Galvin, D. M. (2016). Employee assistance programs, drug testing, and workplace injury. *Journal of Safety Research, 57*, 53–60. https://doi.org/10.1016/j.jsr.2016.03.009

Yandrick, R. (1992). At Orange County (FL) public schools, a success formula: EAP services + MIS capabilities = program accountability. *EAPA Exchange., 22*(7), 24–25.

Neue Entwicklungen in der Mitarbeiterberatung

11.1 Online-Beratung per Videochat

Die Möglichkeit der Online-Beratung kann man eigentlich nur schwerlich als „neu" bezeichnen, denn Videochat Software gibt es schon seit vielen Jahren. Die bekannte Videochatsoftware Skype gibt es beispielsweise sei 2003. Allerdings wurde diese im deutschen Sprachraum aufgrund der Sicherheits- und Datenschutzbedenken zunächst nur zögerlich eingesetzt. Das ändert sich jedoch in den letzten Jahren: Der Anteil der face-to-face Sitzungen hat abgenommen und der Anteil der Sitzungen, die über Videochat erfolgen, deutlich zugelegt hat. Während 2008 nur ein verschwindend geringer Anteil an Sitzungen über Videochat stattfand, waren es 2017 schon 29 % aller Sitzungen, Tendenz steigend (Sherpa Coaching, 2020).

Das Ende 2019 in Deutschland in Kraft getretene Digitale-Versorgung-Gesetz (DVG) hat unter anderem zum Ziel den Zugang zu Videosprechstunden zu erleichtern. Wir rechnen damit, dass es normaler werden wird, nicht mehr in die Praxis zum Arzt oder Therapeuten zu gehen, sondern online sich beraten zu lassen. In den letzten Jahren gibt es immer mehr spezielle Software für Ärzte und Therapeuten, die sich auch im Bereich der Mitarbeiterberatung ohne Weiteres einsetzen lässt. Der Fokus dieser speziellen Anwendungen liegt meist auf einer erhöhten Sicherheit, also einer verschlüsselten Verbindung.

In der Mitarbeiterberatung sollte das noch einfacher sein, da es hier, im Gegensatz zum Arztbesuch, keine gesetzlichen Regelungen gibt, was erlaubt ist und was nicht. In einer 2019 durchgeführten Studie gaben allerdings nur rund 14 % der Anbieter für Mitarbeiterberatung in Deutschland explizit an, auch Beratung über Videochat durchzuführen (Zieringer, 2020c). Bisher scheint das Angebot also noch relativ gering ausgeprägt zu sein, obwohl es deutliche Vorteile bietet: Berater und Mitarbeiter sind räumlich und dadurch

© Der/die Autor(en), exklusiv lizenziert durch Springer Fachmedien Wiesbaden GmbH, ein Teil von Springer Nature 2022
R. Zieringer und P. Wehr, *Externe Mitarbeiterberatung*, https://doi.org/10.1007/978-3-658-35523-4_11

bedingt häufig auch zeitlich flexibler und verlieren dabei trotzdem nicht wichtige Kommunikationsebenen wie Gesichtsausdrücke oder sonstige Körpersprache. Das macht es für Unternehmen einfach, eine Mitarbeiterberatung auch für kleine Standorte bereitzustellen und den Mitarbeitern trotzdem ein der face-to-face Beratung ähnliches Angebot zu machen.

Natürlich bringt die Beratung über Videochat auch einige Besonderheiten mit sich. Zum einen kann man sich bei den meisten Anwendungen selber in einem kleinen Fenster sehen, was Personen häufig dazu verleitet, auf eigene Äußerlichkeiten wie die Frisur, die eigene Gesichtsfarbe (möglicherweise durch Kamera verfälscht), den eigenen Gesichtsausdruck zu achten. Das kann vom eigentlichen Gesprächsthema ablenken und unerwünschte Effekte mit sich bringen, ähnlich wie wenn ein Klient in einer Beratungsstunde die ganze Zeit vor einem Spiegel sitzen würde. Ziel der Beratung ist es aber die Aufmerksamkeit nicht auf das Äußerliche, sondern auf das Innerliche, Gedanken und Gefühle zu lenken. Auch sieht man meistens nur einen Teil seines Gegenübers, sprich das Gesicht und einen Teil der Oberkörpers. Das macht es schwierig die Körpersprache des Gegenübers zu „verstehen" – für Berater und Mitarbeiter gleichermaßen. Sinkt bei einem belastenden Thema der Mitarbeiter förmlich in sich zusammen, wird der Berater das gar nicht wahrnehmen können, wenn er nur das Gesicht seines Klienten sieht. Hinzu kommt, dass die Sicht auf das Gegenüber manchmal aus einer ungewöhnlichen Perspektive ist. Aufgrund der Anordnung von Kamera und Bildschirm schauen Personen oft von oben oder von unten in die Kamera. Für das Gegenüber sieht es dann so aus, also ob die Person von oben auf sie herab oder von unten zu ihnen hinauf schauen würde. Auch das kann im Extremfall irritierend sein. Da man es auch aus der natürlichen Interaktion gewohnt ist, schauen Personen (wenn sie nicht auf das kleine Fenster, wo sie sich selbst sehen, gucken) ihrem Gegenüber ins Gesicht. Dort wo das Gesicht des Gegenübers ist, ist aber der Bildschirm und nicht die Kamera. Deswegen wirkt es in Gesprächen über Videochat immer so, als ob Gesprächspartner sich nie richtig anschauen, weil beide Seiten ihren Blick auf den Bildschirm und nicht auf die Kamera gerichtet haben.

Das alles tut aber offenbar der Wirksamkeit von Online Beratung keinen Abbruch, die nach bisherigen Erkenntnissen sich nicht von der Wirksamkeit von face-to-face Beratung unterscheidet (Christensen et al., 2020; Novella et al., 2020). Sprich, beides ist gleichermaßen hilfreich für die Mitarbeiter.

Ob die Videoberatung ein Teil Ihrer Mitarbeiterberatung sein sollte, hängt wieder einmal von Ihrem Unternehmen und Ihren Mitarbeitern ab. Sind Ihre Mitarbeiter über viele Standorte verteilt, sodass es für die Mitarbeiter schwierig ist Räumlichkeiten des Anbieters aufzusuchen oder es für den Anbieter schwierig ist, an allen Ihren Standorten Vor-Ort Beratung aufzusuchen? Dann kann die Videoberatung neben der telefonischen Beratung eine gute Möglichkeit sein. Besonders nützlich ist Sie auch, wenn Ihre Mitarbeiter über den Globus verstreut sind. Natürlich ist auch dann die telefonische Beratung möglich, mitunter kann das aber zu hohen Telefongebühren führen. Außerdem ist moderne Videochatsoftware dank Ende-zu-Ende Verschlüsselung sicherer als eine Telefonleitung. Wenn es um private Schwierigkeiten oder aber auch Firmeninterna geht, ist somit diese Variante klar zu bevorzugen. Bei der Entscheidung dürfen Sie aber natürlich Ihre Mitarbeiter nicht außen vor lassen. Wie häufig finden in Ihrem Unternehmen Videokonferenzen statt? Haben die Mitarbeiter Schwierigkeiten damit? Wie groß ist der Teil der Belegschaft, der bei der Arbeit nie mit Videokonferenzen zu tun hat und wie offen ist dieser Personenkreis Videochat im Privaten zu nutzen? Wenn Sie denken, dass Ihre Mitarbeiter die Möglichkeit des Videochats nutzen würden und diese ohnehin schon häufig Einsatz in Ihrem Unternehmen findet, dann lohnt es sich diese Möglichkeit auch für die Beratung zu haben.

11.2   Online Module

Schon seit den 80ern und frühen 90ern gibt es Überlegungen Therapie computergestützt durchzuführen (Bloom, 1992). Im Bereich der mentalen Gesundheit haben sich seitdem viele online Angebote entwickelt. Einige dieser Angebote sind dafür gedacht eine fachliche Beratung zu ergänzen und den Inhalt der Beratung weiter zu vertiefen. Andersherum gibt es Angebote, die eigentlich für sich stehen, aber durch eine Beratung ergänzt werden. Dann wiederum gibt es Angebote, die ein fachliche, psychosoziale Beratung vollkommen ersetzen wollen. Im Grunde genommen ist das nichts Neues, sondern eine Weiterentwicklung eines schon seit langer Zeit existierenden Angebotes: Dem Selbsthilfebuch. Denn was diese Angebote tun ist Informationsvermittlung, aber anstatt nur in Textform auch auditiv und visuell und mit der Möglichkeit zu etwas mehr Interaktion als in einem Buch, indem Ihnen Fortschritte angezeigt werden oder Sie einen Test ausfüllen und gleich ein Ergebnis angezeigt bekommen. Es handelt sich also um Programme, die aus einer Abfolge von Videos, Audios, Texten, Visualisierungen und Fragebögen bestehen. Eine CD-ROM, wie 1992, brauchen Sie dafür nicht mehr. Die Angebote kommen entweder in Form einer Webanwendung oder einer App und das in großer Zahl: 2020 verfügte Googles Playstore über 2,86 Mio. Apps, davon rund 142.000 im Bereich Gesundheit, Fitness und Medizin (Zieringer, 2020b).

Im Bereich mentale Gesundheit bestehen diese Angebote oft aus Übungen (zum Beispiel im Bereich Meditation), Podcasts, Videos, Text und Möglichkeiten, seinen eigenen Fortschritt zu messen. Das geht entweder über die Beantwortung von Fragen oder aber auch über Smartphone gestützte Messungen. Zum Beispiel kann mit der Kamera des Smartphones die Herzratenvariabilität gemessen werden (Koenig et al., 2016), ein Indikator für die Stressbelastung und Leistungsfähigkeit einer Person (Kim et al., 2018; Zahn et al., 2016). Das Digitale-Versorgung-Gesetz (DGV) ermöglicht es seit 2019 Ärzten anerkannte Apps als Rezept zu verschreiben. Wir rechnen damit, dass digitale Gesundheitsanwendungen damit immer mehr Verbreitung finden werden. Im Bereich der Mitarbeiterberatung gibt es allerdings in Deutschland bisher nur wenige Anbieter, die diese Möglichkeiten gezielt nutzen: Nur rund 3 % der Anbieter geben an, dass sie eine App haben. Diese kann Inhalte ergänzend zur Beratung enthalten, kann aber auch nur rein zur Terminvereinbarung dienen. Ein weiteres Prozent geben explizit an, dass sie Online-Tools zur Verfügung stellen (Zieringer Consulting, 2020c).

Diese Tools haben den Vorteil, dass sie flexibel und jederzeit nutzbar sind, ohne jede Terminvereinbarung. Auch können sie helfen die Beratungsinhalte zu vertiefen und in den Alltag zu integrieren. Das Prinzip, sich anhand bestimmter Aufgaben und Fragen auch nach einer Beratung mit dem Besprochenen zu beschäftigen, ist Gang und Gebe und erfolgt zum Beispiel in der Psychotherapie in Form der sogenannten „Hausaufgaben" (Helbig & Fehm, 2005). Dabei handelt es sich meist um Aufgaben, wie dass sich eine Person in bestimmten Situationen selbst beobachten und auf ihre Reaktion achten soll, oder dass eine Person aufschreiben soll wann und wie oft sie einen bestimmten Gedanken hat oder in einer Situation bewusst anders reagieren soll, als sie das ansonsten tut. Diese „Hausaufgaben" sind immer speziell auf den Klienten zugeschnitten, was bei Online-Modulen so nicht der Fall ist. Online-Übungen können aber eine gute Abwechslung darstellen. Wenn das Programm aber für sich alleine steht, ist es für Personen oft schwierig sich dauerhaft zu motivieren die Übungen und Schritte des Programms vollständig durchzugehen. Philipps et al. (2019) berichten, dass in mehr als der Hälfte der von ihnen gesichteten Studien zu E-Mental Health Interventionen hohe Abbruchquoten zu verzeichnen waren. Mehr als 20 % der ursprünglichen Teilnehmer durchliefen das Programm nicht bis zum Ende. Dem kann entgegengewirkt werden, indem immer wieder ein Austausch mit „echten" Personen erfolgt, sprich einem Berater oder anderen Teilnehmern. Dann können die Inhalte der Anwendung eine echte Bereicherung, aber kein Ersatz für die Beratung sein. Erforderlich ist dafür, dass die Berater selber sehr gut mit den Inhalten der Online-Module vertraut sind und Beratung und Online Übungen Hand in Hand gehen. Den Mitarbeitern einfach nur zu sagen, „Neben der Beratung haben wir auch noch ein Online-Programm, was Sie nutzen können" führt erfahrungsgemäß zu keiner bis zu einer sehr geringen Inanspruchnahme.

Wenn Sie sich für Ihre Mitarbeiter also die Möglichkeit wünschen, dass diese Online-Module als Teil der Beratung nutzen können, dann klären Sie mit dem Anbieter ab, ob die Berater wirklich über den Inhalt dieser Module Bescheid wissen und wie sich Beratung und Online-Module ergänzen. Bevor Sie das tun, sollten Sie aber abschätzen können, ob Ihre Mitarbeiter überhaupt gewillt sind dieses Angebot zu nutzen. Erkundigen Sie sich bei Ihren Mitarbeitern, wer regelmäßig Gesundheitsapps nutzt. Wenn das nur ein verschwindet geringer Teil der Belegschaft privat tut, werden die Mitarbeiter auch für die Beratung nicht anfangen solche Anwendungen zu nutzen. Wenn Sie aber feststellen, dass es einen Teil an Mitarbeitern gibt, die diesem Thema offen gegenüber stehen, auch privat Gesundheitsapps installiert haben und nutzen, dann bietet sich hier eine große Chance. Von der Wirksamkeit betrachtet sind E-Mental Health Interventionen sehr hilfreich; wenn Teilnehmer die Programme von Anfang bis Ende durchlaufen, zeigen sich deutliche Verbesserungen in der Gesundheit, die mindestens mit nicht digitalen Ansätzen mithalten oder diese sogar übertreffen können (Zieringer, 2020a).

11.3 Online Beratung via Chat

Chat-Programme und Instant Messenger existieren schon seit den Anfängen des Internets und sind heute dank Smartphones verbreiteter und beliebter denn je. Der Messengerdienst Whatsapp hat aktuell rund 2 Mrd. aktive Nutzer (Statista Research Department, 2020). Im Geschäftsbereich ist der Messengerdienst Slack erfolgreich, der von rund 600.000 Unternehmen und über 10 Mio. Personen verwendet wird (Bulao, 2020). Auch im Kundenservice sind Messaging Dienste immer beliebter. Anstatt eine Telefonnummer anzugeben, werden Kunden immer häufiger zu einem Chat-Portal gelotst, wo sie mit einem Kundenmanager ihr Anliegen klären (MacDonald, 2020). Erste Versuche Chatprogramme für die Therapie zu nutzen, findet man bereits kurz vor der Jahrtausendwende (Barak & Wander-Schwartz, 1999).

Eine Beratung via Chat hat den Vorteil, dass sowohl Mitarbeiter als auch Berater länger über ihre Aussagen nachdenken können. Beim Aufschreiben der eigenen Gedanken, lassen sich noch Korrekturen vornehmen, man kann Aussagen verstärken, abschwächen oder komplett umformulieren. Auch muss man sich um eine besonders verständliche Beschreibung seiner Gedanken bemühen, da man, wenn die Beratung rein textbasiert abläuft, sich nicht auf Gesichtsausdrücke, Betonung oder Körpersprache bei der Kommunikation zurückziehen kann. Mehr Zeit zum Überlegen kann aber gleichzeitig auch ein Nachteil sein. Denn so werden die spontanen Reaktionen, die für die Beratung sehr hilfreich sein können, unterbunden. Im Chat kann man sich leichter verstellen und ein falsches Bild von sich vermitteln als im Gespräch. In der Beratung geht es aber darum sich zu öffnen. Auch das Warten auf die Antwort des Gegenübers kann Ungeduld hervorrufen und kann sowohl Mitarbeiter als auch Berater dazu verleiten neben dem Chat Gespräch andere Dinge parallel zu machen und sich nicht vollends auf die Beratung zu konzentrieren. Vor allem an Computer und Smartphone, wo ständig Benachrichtigungen anderer Programme aufpoppen und andere interessante Anwendungen, die Aufmerksamkeit auf sich ziehen, können eine oder beide Seiten schnell dieser Versuchung erliegen. Im Kundenservice bietet der Chat die Möglichkeit, dass ein Servicemitarbeiter gleichzeitig mit mehreren Kunden chatten kann, weil er ohnehin auf die Antworten der Kunden warten muss. Im Bereich der Beratung ist es aber weder erwünscht noch möglich, dass ein Berater gleichzeitig mit mehreren Mitarbeitern chattet! Auch insgesamt ist die Kommunikation langsamer und mühseliger, als das bei einem Gespräch der Fall ist. Dafür funktioniert die Beratung via Chat aber auch bei schlechter Internet- oder Telefonverbindung. Um das mühselige Schreiben abzukürzen, ermöglichen viele Chatanwendungen das Senden von Sprach- oder Videonachrichten, die dann wiederum doch den Einbezug von Stimmlage, Gestik, Mimik und Körperhaltung ermöglichen und ohne viel Mühe auch für längere Nachrichten genutzt werden können. Das bietet einen weiteren Vorteil: Die Beratung muss nicht innerhalb eines begrenzten Zeitfensters stattfinden, sondern kann verteilt werden über Stunden, Tage oder sogar Wochen, ähnlich einer Kommunikation über Messengerdienste unter Freunden und Familie.

Die Effektivität von Chat Beratung unterscheidet sich nicht von anderen Beratungs-formen (Hoermann et al., 2017). Mitarbeitern kann also im Rahmen einer Beratung über einen Messengerdienst genauso gut geholfen werden wie das per Telefon oder face-to-face der Fall ist.

Momentan bieten jedoch nur rund 13 % der Anbieter für Mitarbeiterberatung in Deutschland explizit Chat als eine Beratungsform an (Zieringer, 2020c). Eine weite Ver-breitung scheint die Beratung via Chat in der Mitarbeiterberatung bisher also noch nicht gefunden zu haben, was angesichts der Allgegenwärtigkeit von Messengerdiensten ver-wunderlich ist: fast 80 % der deutschsprachigen Bevölkerung nutzt Whatsapp mindestens einmal in der Woche (ARD/ZDF Forschungskomission, 2020). Daraus könnte man eigent-lich schließen, dass dieses Beratungsformat für alle Unternehmen infrage kommt, solange es gut eingeführt und den Mitarbeitern gut erklärt wird, denn bei persönlicher Beratung haben viele Personen immer noch das Bild zweier sich gegenüber sitzender Personen im Kopf.

Auf eine besonders gute Rezeption diese Angebotes bei Ihren Mitarbeitern können sie hoffen, wenn ihre Mitarbeiter mit dem Medium auch im beruflichen Bereich ver-traut sind, sprich wenn sie eine Mitarbeiterberatung für Ihre Mitarbeiter im Kundendienst einführen, die auch mit den Kunden via Chat kommunizieren oder wenn Sie im Unterneh-men auch ansonsten Chatprogramme verwenden, um miteinander zu kommunizieren. Die Chatberatung als einzige Beratungsform anzubieten, sollten Sie aber auch in diesem Fall vermeiden und mindestens eine weitere Beratungsform (zum Beispiel Videochat, Telefon oder face-to-face) zur Verfügung stellen.

11.4 Beratung und Coaching im Zusammenhang mit elektronischem Tracking

Sowohl iOS als auch Android Smartphones verfügen über vorinstallierte Gesundheitsapps, die eine Nachverfolgung der eigenen Gesundheitsdaten ermöglichen sollen. Die Samsung Health App hatte beispielsweise 2017 über 60 Mio. monatliche Nutzer (Samsung, 2017). Auch in der Beratung können Nutzer und Berater derartige Anwendungen nutzen, um den Fortschritt in der Beratung nachzuverfolgen – auch genannt zu „tracken". Tracken kann man vieles – Schritte, Herzschlag, Schlafrhythmen, Kalorienaufnahme, Müdigkeitslevel, Kalorienverbrauch, Konzentrationsfähigkeit – nicht alles davon ist für die Beratung inter-essant. Interessant und hilfreich ist es allerdings, die Veränderung dessen zu messen, was in der Beratung verändert werden soll.

Will ein Mitarbeiter mithilfe der Beratung sein Stresslevel reduzieren, ist es hilfreich zu beobachten, ob sich dieses wirklich im Laufe der Beratung verändert und auf dieser Basis die Beratung zu anzupassen. Führen gewisse Übungen aus der Beratung zu keiner Reduktion des Stresslevels in den kommenden zwei Wochen, dann müssen Mitarbeiter und Berater sich zusammensetzen und überlegen, ob sie wirklich an der Ursache des

Stresses oder nur an einem Symptom arbeiten. Diese Art des Austausches und ein implizites Monitoring des Fortschritts, findet natürlich auch so in der Beratung statt. Eine der ersten Fragen jeder Beratungssitzung wird sein, wie es dem Mitarbeiter in der Zeit seit der letzten Beratung ergangen ist und ob er etwas von dem Besprochenen habe anwenden können. Wenn die Beratungssitzungen alle zwei Wochen stattfinden, wird sich der Mitarbeiter auch noch gut erinnern können, wie es ihm ergangen ist. Je länger der Abstand zwischen den Sitzungen, desto schwerer wird es aber sich genau daran zu erinnern, wann man eine gute Phase hatte und es gelungen ist, die Inhalte der Beratung anzuwenden, wann nicht und woran es genau lag, dass es in der anderen Phase nicht geklappt hat. Sprich, ein elektronisches Tracking macht den Fortschritt für Mitarbeiter und Berater einfacher und objektiver nachvollziehbar. In unserem Stressbeispiel könnte das so aussehen, dass der Mitarbeiter regelmäßig je drei Fragen zu seinem Stress-/Erschöpfungslevel und zu der Belastung durch die Arbeit ausfüllt, jeweils am Ende der Woche. So lässt sich zum nachvollziehen, ob es dem Klienten gelingt seinen Stresslevel zu senken und zum anderen, ob der Stress, wie vielleicht am Anfang der Beratung vermutet, wirklich etwas mit der Arbeitsbelastung zu tun hat. Dadurch ergeben sich neue Erkenntnisse für die Beratung. Beginnt der Mitarbeiter die Beratung mit der Hypothese, dass seine Überlastung auf eine hohe Arbeitsbelastung zurückzuführen ist und merkt dann anhand des Trackings, dass sein Stresslevel immer hoch ist, unabhängig von der Arbeitsbelastung, dann ist das ein Hinweis entweder auf ein chronifiziertes Stressmuster, das sich von dem eigentlichen Auslöser entkoppelt hat oder dass das Stresslevel eher von innen als von außen kommt. Diese Erkenntnis hilft dem Berater wiederum dem Mitarbeiter zu helfen und zum Kern des Problems vorzudringen. In kritischen Fällen erlaubt es dem Berater auch schnell zu reagieren, wenn er negative Änderungen beim Klienten feststellt, wenn dieser zum Beispiel plötzlich hohe Werte für Depressivität einträgt oder auch gar keine Rückmeldungen mehr gibt.

Selbstverständlich spielt beim Tracking der Datenschutz eine große Rolle. Damit Tracking überhaupt stattfinden kann, bedarf es einer Einwilligung des Klienten und die Daten dürfen nur zwischen Klient und Berater und verschlüsselt ausgetauscht werden. Wenn diese Voraussetzungen erfüllt sind, handelt es sich bei „Tracking" um eine technologiegestützte Form des Austausches zwischen Berater und Klient außerhalb der Beratungssitzungen und ist datenschutzrechtlich unbedenklich.

Eine solche Form des Feedbacks einzubauen, macht Therapie nachweislich effektiver, wie eine Zusammenfassung von 24 Studien dazu belegt (Lambert et al., 2018). Insbesondere bei Personen, die Schwierigkeiten mit der Beratung haben, verbessert das Tracking die Ergebnisse der Beratung. Wenn Online-Module wie in 10.2 beschrieben eingesetzt werden, kann das Tracking ein Teil der Vertiefungsübungen zur Beratung sein. Das hat für den Mitarbeiter den Vorteil, dass er keine „lästigen" Fragen beantworten oder Messungen machen muss, ohne davon einen unmittelbaren Nutzen zu haben, sondern diese in die Übungen eingebettet sind. Bekommt zum Beispiel der Mitarbeiter nach der Beantwortung der Fragen gleich Feedback zu seinen Werten und wie diese im Vergleich zu letzter

Woche sind, hat die Messung einen motivierenden Effekt. Dann sorgt das Tracking neben einer verbesserten Kommunikation zwischen Berater und Mitarbeiter auch noch für eine höhere Motivation beim Mitarbeiter die Inhalte der Beratung im Alltag umzusetzen.

Literatur

ARD/ZDF Forschungskommission. (2020). *Ergebnisse der ARD/ZDF-Onlinestudie 2020*. https://www.ard-zdf-onlinestudie.de/files/2020/2020-10-02_Onlinestudie2020_Publikationscharts.pdf

Barak, A., & Wander-Schwartz, M. (1999). *Empirical Evaluation of Brief Group Therapy Conducted in an Internet Chat Room*. https://www.hayseed.net/MOO/JOVE/cherapy3.html

Bloom, B. L. (1992). Computer-assisted psychological intervention: A review and commentary. *Clinical Psychology Review, 12*(2), 169–197. https://doi.org/10.1016/0272-7358(92)90113-M

Bulao, J. (2020). *19 Impressive Slack Statistics You Must Know About in 2020*. https://techjury.net/blog/slack-statistics/

Christensen, L. F., Moller, A. M., Hansen, J. P., Nielsen, C. T., & Gildberg, F. A. (2020). Patients' and providers' experiences with video consultations used in the treatment of older patients with unipolar depression: A systematic review. *Journal of Psychiatric and Mental Health Nursing, 27*(3), 258–271. https://doi.org/10.1111/jpm.12574

Helbig, S., & Fehm, L. (2005). Der Einsatz von Hausaufgaben in der Psychotherapie: Empfehlungen und ihre empirische Fundierung. *Psychotherapeut, 50*(2), 122–128. https://doi.org/10.1007/s00278-004-0374-1

Hoermann, S., McCabe, K. L., Milne, D. N., & Calvo, R. A. (2017). Application of Synchronous Text-Based Dialogue Systems in Mental Health Interventions: Systematic Review. *Journal of Medical Internet Research, 19*(8), e267. https://doi.org/10.2196/jmir.7023

Kim, H. -G., Cheon, E. -J., Bai, D. -S., Lee, Y. H., & Koo, B. -H. (2018). Stress and Heart Rate Variability: A Meta-Analysis and Review of the Literature. *Psychiatry Investigation, 15*(3), 235–245. https://doi.org/10.30773/pi.2017.08.17

Koenig, N., Seeck, A., Eckstein, J., Mainka, A., Huebner, T., Voss, A., & Weber, S. (2016). Validation of a New Heart Rate Measurement Algorithm for Fingertip Recording of Video Signals with Smartphones. *Telemedicine and E-Health, 22*(8), 631–636. https://doi.org/10.1089/tmj.2015.0212

Lambert, M. J., Whipple, J. L., & Kleinstäuber, M. (2018). Collecting and delivering progress feedback: A meta-analysis of routine outcome monitoring. *Psychotherapy, 55*(4), 520–537. https://doi.org/10.1037/pst0000167

MacDonald, S. (2020). 25 reasons live chat can help you grow your business. https://www.superoffice.com/blog/live-chat-statistics/

Novella, J. K., Ng, K.-M., & Samuolis, J. (2020). A comparison of online and in-person counseling outcomes using solution-focused brief therapy for college students with anxiety. *Journal of American College Health, 1–8*. https://doi.org/10.1080/07448481.2020.1786101

Phillips, E. A., Gordeev, V. S., & Schreyögg, J. (2019). Effectiveness of occupational e-mental health interventions: A systematic review and meta-analysis of randomized controlled trials. *Scandinavian Journal of Work, Environment & Health, 45*(6), 560–576. https://doi.org/10.5271/sjweh.3839

Samsung. (2017). *Samsung Health*. https://news.samsung.com/us/samsung-health-fact-sheet-unpacked-2017/

Sherpa Coaching. (2020). *Executive Coaching Survey 2017—The 12th annual industry review from Sherpa Coaching.* http://www.sherpacoaching.com/pdf%20files/2017_Executive_Coaching_Survey_PUBLIC.pdf

Statista Research Department. (2020). *Anzahl der monatlich aktiven Nutzer von WhatsApp weltweit in ausgewählten Monaten von April 2013 bis Februar 2020.* https://de.statista.com/statistik/daten/studie/285230/umfrage/aktive-nutzer-von-whatsapp-weltweit/

Zahn, D., Adams, J., Krohn, J., Wenzel, M., Mann, C. G., Gomille, L. K., Jacobi-Scherbening, V., & Kubiak, T. (2016). Heart rate variability and self-control—A meta-analysis. *Biological Psychology, 115*, 9–26. https://doi.org/10.1016/j.biopsycho.2015.12.007

Zieringer, R. (2020a). *App statt Arzt—Wie wirksam sind Gesundheitsapps?* https://www.zieringerconsulting.com/post/app-statt-arzt-wie-wirksam-sind-gesundheitsapps

Zieringer, R. (2020b). *BGM Digital—Welche App passt für Ihr Unternehmen?* https://www.zieringerconsulting.com/bgm-digital

Zieringer, R. (2020c). *Whitepaper EAP.* https://www.zieringerconsulting.com/eap-whitepape

The manufacturer's authorised representative in the EU is Springer
Nature Customer Service Centre GmbH, Europaplatz 3, 69115 Heidelberg,
Germany. If you have any concerns regarding our products, please
contact ProductSafety@springernature.com

Printed and bound by CPI Group (UK) Ltd, Croydon, CR0 4YY

28/04/2026

02098537-0008